I0759636

EL LIBRO DE COCINA
PARA
NIÑAS
REBELDES

REBEL GIRLS

EL LIBRO DE COCINA PARA NIÑAS REBELDES

RECETAS DELICIOSAS, TÉCNICAS BÁSICAS Y LOS MEJORES CONSEJOS DE GRANDES COCINERAS REBELDES

CONTENIDOS

¡HOLA, REBELDE!

Bienvenida al primer libro de cocina para rebeldes. ¡Nos encanta tenerte aquí!

Tanto si la cocina es territorio desconocido para ti como si ya preparas platos con tu familia, estás en el lugar correcto y en el momento adecuado. ¿Quieres aprender la mejor manera de deshuesar un aguacate o separar las yemas de las claras? Con nuestras indicaciones paso a paso, incluso las técnicas más complicadas te resultarán sencillas. ¿Las cocinas del mundo despiertan tu curiosidad? Aquí encontrarás recetas e ingredientes exóticos para crear platos que causarán sensación. ¿Te cuesta comer algunos alimentos? ¡Atrévete a probarlos con estas recetas preparadas por ti misma!

Seas como seas, en *El libro de cocina para niñas rebeldes* aprenderás las técnicas de cocina más esenciales, descubrirás ingredientes y recetas nuevas y adquirirás la confianza necesaria para conquistar la cocina. Probar cosas nuevas es una de las mejores formas de aumentar la autoestima… ¡Ya verás! ¡Pronto te sentirás como una auténtica chef!

Antes de comenzar con las recetas, te daremos unas nociones básicas para que te sientas cómoda entre las ollas y cazuelas. Los diferentes capítulos incluyen recetas riquísimas de las gastronomías del mundo entero, así como datos curiosos sobre algunas mujeres famosas de todos los tiempos (varias de ellas relacionadas con la cocina). También encontrarás las experiencias de rebeldes como tú, con sus recetas favoritas y datos que te harán reflexionar sobre el maravilloso mundo de los fogones.

En *El libro de cocina para niñas rebeldes* te presentamos a algunas de las rebeldes a la vanguardia del mundo de la gastronomía, que compartirán contigo sus consejos y recetas. Estas chefs, muchas de las cuales tienen sus propios restaurantes, son autoras de libros de cocina y publican sus recetas en todo el mundo. Priya Krishna, periodista gastronómica de *The New York Times*, te enseñará a preparar pizzas usando pan *roti* como base. Con Eva Chin, que regenta el restaurante Soy Luck Club en Canadá, aprenderás a cocinar gyozas de cerdo y repollo. Y Hetty Lui McKinnon, escritora gastronómica y autora de libros de cocina, te explicará cómo preparar *chow mein* al horno. Estas son solo algunas de las increíbles mujeres que conocerás en estas páginas. Nos encantaría que te inspirasen a forjar tu propio camino. Quién sabe, puede que llegues a convertirte en chef profesional algún día… ¡lo que es seguro es que aprenderás a expresarte a través de la comida!

Estamos deseando que descubras nuevos sabores, presumas de tus habilidades con tus amigos y familiares y decidas cómo dirigir tu propia cocina. ¡En marcha!

—EL EQUIPO DE REBEL GIRLS

Organic

BIENVENIDA AL MUNDO DE LA COCINA: CÓMO USAR ESTE LIBRO

ANTES DE EMPEZAR

Cuando ya sepas qué receta quieres preparar, antes de sacar los ingredientes o calentar el horno, **¡lee bien la receta!** La debes leer entera, de principio a fin (y puede que, después, una vez más). Así sabrás qué esperar de cada receta, cómo de complicada es y cuándo necesitarás la ayuda de un adulto. Presta también atención a los utensilios de cocina que deberás tener a mano: están resaltados en **color azul**.

Cuando termines de leerla, es hora de **preparar los ingredientes**. ¡Lo primero es lo primero! Lávate las manos y, si tienes el pelo largo o te molesta, recógetelo. Pesa la cantidad que necesitas de cada ingrediente y corta las verduras, frutas y hierbas aromáticas que vayas a usar (¡no te olvides de lavarlas y secarlas antes!). Te recomendamos colocar cada ingrediente preparado en un bol diferente, así te será más fácil mantener el orden.

¡Manos a la obra! Sigue los pasos de las recetas en orden y sin saltarte ninguno. Si vienen acompañadas de fotos, míralas con atención. Pide ayuda a un adulto siempre que uses un utensilio con el que te puedas cortar (como un cuchillo o un procesador de alimentos) o quemar (como los fogones o el horno).

Y recuerda que no pasa nada si el resultado final no es como esperabas. Cometer errores es de lo más normal y una forma estupenda de aprender. Piensa en qué debes hacer de otra forma la próxima vez que hagas esa receta. Además, seguro que aunque no esté perfecta, ¡está buenísima!

LOS SÍMBOLOS DE LAS RECETAS

Las recetas de este libro vienen acompañadas de símbolos. ¡Descubre su significado!

 Este paso puede ser peligroso. Pide ayuda a un adulto para realizarlo.

 Esta receta se prepara en menos de 30 minutos.

 En esta receta no se usan los fogones, el horno o el tostador.

 En esta receta no se usan cuchillos ni procesadores de alimentos.

 Esta receta lleva más tiempo o es compleja. Prepárala durante el fin de semana, las vacaciones o con tu familia o amigos.

 Receta vegetariana: no contiene carne ni pescado, aunque quizás lleve huevo.

 Receta vegana: no contiene productos de origen animal.

 Esta receta se puede adaptar a tus gustos.

BÁSICOS DE COCINA

Estas técnicas básicas se usan en muchas de las recetas de este libro. ¡Y en todas en general! Si las dominas ahora, podrás enfrentarte a casi cualquier plato.

!! En muchas de las técnicas de esta sección se utiliza un cuchillo de chef (cuchillo de cocinero o cebollero). ¡Pide siempre ayuda a un adulto cuando trabajes con cuchillos!

CÓMO MEDIR LOS INGREDIENTES

Báscula digital
Las básculas digitales son muy fáciles de usar, pero, antes de usarlas, hay que calibrarlas. Enciéndela y coloca encima el recipiente en el que pondrás los ingredientes. Cuando la báscula indique su peso, pulsa el botón de calibrado (en muchas básculas, se indica con «Tare») y la báscula volverá a indicar cero. ¡Ya puedes empezar a pesar!

Vasos medidores o jarra medidora
Los vasos medidores sirven para medir la cantidad exacta de ingredientes necesarios, ya sean ingredientes secos, como la harina o el azúcar, o líquidos, como el agua o la leche. Añade el ingrediente hasta llegar a la línea de medida deseada. Para comprobarlo, inclínate de forma que el vaso te quede a la altura de los ojos y verifica que el ingrediente llega hasta la marca de medición.

CUCHARAS MEDIDORAS

Con las cucharas medidoras se miden cantidades pequeñas de ingredientes líquidos o secos. La mayoría de los juegos de cucharas incluyen medidas de 1 cucharada, 1 cucharadita, ½ cucharadita y ¼ de cucharadita. Si no tienes, usa una cuchara para sopa cuando las recetas te pidan cucharadas de un ingrediente y una cucharilla de postre para las cucharaditas. ¡Problema solucionado!

CÓMO MANEJAR UN CUCHILLO DE CHEF

Saber usar un cuchillo es muy importante para evitar accidentes. Rodea el mango con una mano y sujeta la parte superior del filo, la que está más cerca del mango, con el índice y el pulgar. Sujeta siempre el alimento que vayas a cortar con la otra mano, metiendo las uñas hacia adentro (en forma de garra), con la punta de los dedos bien lejos del filo.

CÓMO PICAR HIERBAS FRESCAS

Si en la receta solo se usan las hojas, sepáralas primero de los tallos. Después, amontónalas sobre una tabla de cortar. Sujeta el mango de un **cuchillo de chef** con una mano y coloca la palma de la otra, extendida, sobre la hoja del cuchillo. Muévelo hacia delante y hacia atrás por encima de las hojas para picarlas finas.

CÓMO PELAR Y CORTAR CEBOLLA

1

Coloca una cebolla sobre una **tabla de cortar**. Con un **cuchillo de chef**, córtala por la mitad desde la raíz. Apoya ambas mitades, con el lado plano hacia abajo, y corta los extremos sin raíz. Retira las primeras capas con las manos. Desecha estas capas y los extremos cortados.

2

Con el cuchillo de chef, haz cortes paralelos de aproximadamente un dedo o medio dedo de grosor desde un extremo al otro sin llegar a tocar la raíz.

3

Gira la cebolla y córtala a lo ancho, en perpendicular a los cortes que acabas de hacer. Deja la misma separación entre corte y corte para conseguir dados.

CÓMO PREPARAR GUINDILLAS

Te recomendamos que utilices guantes desechables y no te toques la cara cuando cocines con guindillas y chiles. La capsaicina, el compuesto que hace que piquen, irrita la piel.

1

Coloca una guindilla sobre una **tabla de cortar**. Con un **cuchillo de chef**, retira el tallo y la parte superior de la guindilla. Deséchalos.

2

Córtala por la mitad a lo largo.

3

Usa una **cucharilla** para sacar las semillas y desecharlas.

4

Coloca una de las mitades en la tabla, con el lado plano hacia abajo, y córtala a lo largo en tiras finas. A continuación, corta las tiras en trocitos muy pequeños. Repite la operación con la otra mitad de la guindilla, según la cantidad que necesites en la receta.

CÓMO PELAR Y CORTAR O PICAR AJOS

1

Coloca un diente de ajo sobre una **tabla de cortar**. Usa la base de una **cuchara medidora** o de una **taza** para aplastarlo. Retira la capa exterior y deséchala.

2

Sujeta el mango de un **cuchillo de chef** con una mano y coloca la palma de la otra mano, extendida, sobre la parte superior del filo del cuchillo. Pasa el cuchillo, moviéndolo hacia delante y hacia atrás, por encima del ajo para cortarlo en trozos pequeños. Si necesitas ajo picado, sigue cortándolo hasta obtener trozos muy pequeños.

CÓMO DESHUESAR UN AGUACATE

1

Con un cuchillo para mantequilla, corta un aguacate por la mitad a lo largo, introduciendo la hoja hasta tocar el hueso. Gira las mitades del aguacate en direcciones opuestas y tira de ellas para separarlas.

2

Toma la mitad que contiene el hueso. Coloca los pulgares en la parte exterior del aguacate, detrás del hueso, y presiona hasta que salga (con cuidado, ¡podría salir disparado!). Desecha el hueso.

CÓMO RALLAR Y EXPRIMIR CÍTRICOS

PARA RALLAR

Cuando hablamos de ralladura de cítricos, nos referimos a la corteza de color que tienen los limones, limas, naranjas y demás cítricos. Para separarla de la pulpa, raspa con suavidad la pieza de fruta hacia delante y hacia atrás con un **rallador de mano** (también llamado **Microplane**). Ve girando la fruta para que solo retires la capa de color, no la parte blanca que hay debajo (¡es muy amarga!).

PARA EXPRIMIR

Con un **cuchillo de chef**, corta la fruta a lo ancho por la mitad. Coloca una de las mitades en un **exprimidor manual de cítricos**. Sostén el exprimidor sobre un **bol** y aprieta: el zumo de la fruta caerá al bol. Repite la operación tantas veces como sea necesario.

CÓMO RALLAR QUESO

PARA RALLAR GRUESO

Utiliza un rallador de caja con agujeros grandes. Toma un trozo grande de queso y deslízalo de arriba abajo contra la superficie de rallado con cuidado. ¡Mantén la mano lejos de los agujeros! ¡Están muy afilados! Se suelen rallar gruesos los quesos blandos, como la mozzarella o el cheddar.

PARA RALLAR FINO

Utiliza un rallador de caja con agujeros pequeños o un Microplane. Toma un trozo grande de queso y deslízalo de arriba abajo contra la superficie de rallado con cuidado. ¡Mantén la mano lejos de los agujeros! ¡Están muy afilados! Se suelen rallar finos los quesos duros, como el parmesano o el pecorino.

CÓMO DERRETIR LA MANTEQUILLA

En un cazo: Calienta la mantequilla en un **cazo** a fuego bajo. Mueve el cazo de vez en cuando hasta que la mantequilla se derrita. Apaga el fuego y retira el cazo.

En el microondas: Corta la mantequilla en dados pequeños con un **cuchillo para mantequilla**. Colócalos en un **bol apto para microondas** y cúbrelos con una **tapa para microondas**. Caliéntalos en un microondas al 50 % de potencia hasta que se derritan. Comprueba cómo van cada 30 segundos.

CÓMO CASCAR UN HUEVO Y SEPARAR YEMAS Y CLARAS

Para cascar un huevo, golpea con suavidad la parte más plana contra una superficie lisa. Abre la cáscara sobre un bol para que la yema y la clara caigan dentro y desecha la cáscara. Cuando termines, no te olvides de lavarte las manos.

Para separar la yema de la clara, toma la yema con la mano con mucho cuidado. Mantén la mano sobre el bol para que la clara que haya podido quedar se escurra entre tus dedos. Pasa la yema a otro bol. Cuando termines, no te olvides de lavarte las manos.

CÓMO «SAZONAR AL GUSTO»

Cuando una receta dice que sazones al gusto, significa que añadas una pequeña cantidad de sal (y a veces pimienta negra). Para hacerlo, empieza por probar el plato. ¿Crees que le vendría bien algo más de sal o pimienta? Si es así, añade un poco, remuévelo y vuelve a probarlo con un tenedor o cuchara limpios. Y ahora, ¿qué te parece? Repite la operación hasta que te guste.

CÓMO USAR UN TERMÓMETRO DE COCINA

El termómetro es la mejor herramienta para saber si la carne o el pescado se están cocinando a una temperatura segura para su consumo. Introduce la punta de un **termómetro de cocina** en la parte más gruesa de la pieza que estés cocinando. (Para que te resulte más fácil sujetarla, utiliza unas **pinzas**.) Lee la temperatura y compárala con la que se indica en la receta. ¡Sigue cocinándola tanto como sea necesario!

¿QUÉ DIFERENCIA HAY ENTRE EL ACEITE CALIENTE Y EL ACEITE EN EL PUNTO DE HUMO?

En muchas de las recetas de este libro verás que te piden que calientes el aceite en una sartén hasta que esté caliente pero no humee. Para notar la diferencia, observa atentamente la sartén (¡sin acercar demasiado la cara!). Si ves que en la superficie se forman pequeñas ondas, es que está caliente y puedes empezar a cocinar. Si salen volutas de humo, está demasiado caliente. Apaga el fuego, retira la sartén y deja que el aceite se enfríe unos minutos. Pídele a un adulto que te ayude a limpiar la sartén y vuelve a empezar con aceite nuevo.

¡QUE EMPIECE LA FIESTA! CONSEJOS E IDEAS PARA CELEBRACIONES

Preparar un plato o un postre especiales es una forma magnífica de que una celebración o un martes cualquiera resulten memorables. ¡Sigue nuestros consejos para que cocinar y comer con tu familia y tus amigos sea muy divertido!

BARRA DE HELADOS

Prepara nuestro «Helado» de plátano (p. 146) y ¡monta una barra de helados! Coloca los *toppings* en boles para que estén al alcance de todos y prepara las recetas de Nata montada (p. 144), Salsa de chocolate (p. 152) y Salsa de fresas (p. 153). Así, cada uno podrá personalizar su helado como prefiera. ¡No te olvides de comprar guindas!

FIESTA DE PALOMITAS

Antes de una noche de pelis, prepara unas palomitas (p. 50) y deja que cada uno añada las especias, condimentos y aderezos que más le gusten. ¡Puedes organizar un concurso para adivinar cuál es el sabor favorito de toda tu familia!

DECORA LA MESA

Si tienes una cena familiar, pon la mesa antes de empezar a cocinar y decórala a tu gusto. Elige un mantel bonito y prepara un centro de mesa con flores, frutas, conchas marinas o cualquier otro objeto interesante que veas por casa. Combina los colores en función de lo que vayas a cocinar. ¡Incluso puedes diseñar un menú y colocarlo en el plato de cada comensal!

¡TODOS COLABORAN!

¡Haz que cocinar sea parte de la fiesta! Prepara puestos de trabajo en la cocina y pide ayuda a todos para preparar, por ejemplo, Gyozas (pp. 107-109). O, si te apetece algo dulce, sigue la receta de las Cookies con pepitas de chocolate (p. 122), sin añadir el chocolate, y deja que los comensales les añadan sus *toppings* favoritos: pepitas de chocolate, frutos secos, frutos rojos, fideos de colores…

EL ARTE DEL «BRINNER»

¿Quién dijo que desayunar es solo para las mañanas? En esta nueva tendencia gastronómica del *brinner* (*breakfast for dinner*), las Tortitas esponjosas (p. 22), las Torrijas (p. 56), los Tacos de desayuno (p. 29) o las Tostadas de aguacate (p. 26) se pueden tomar por la noche y adaptar a los gustos de toda la familia. ¡Incluso puedes cenar en pijama!

Chips

DESAYUNOS, SNACKS Y MERIENDAS

PARA 12-14 UNIDADES

TORTITAS ESPONJOSAS

INGREDIENTES

250 g (2 tazas) de harina

50 g (¼ de taza) de azúcar blanco

4 cdtas. de levadura en polvo

1 cdta. de sal

⅛ de cdta. de canela molida (opcional)

350 ml (1½ tazas) de leche

2 huevos grandes

2 cdas. de aceite vegetal, y un poco más para cocinar

¼ de cdta. de extracto de vainilla

Estas esponjosas tortitas, que se hacen en un instante, no ensuciarán demasiado la cocina. Las puedes ir sirviendo a medida que las haces o mantenerlas calientes mientras terminas de prepararlas todas. Para esto último, colócalas en un plato o una fuente aptos para el horno, o en una bandeja de horno, e introdúcelas en el horno a 95 °C (200 °F). No te olvides de ponerte guantes de horno cuando las vayas a servir (¡los platos, la fuente o la bandeja quemarán!). Sírvelas con un poco más de mantequilla y sirope de arce o, si lo prefieres, con azúcar glas o Salsa de fresas (p. 153).

1 En un **bol grande**, mezcla la harina con el azúcar, la levadura en polvo, la sal y la canela (si la usas) con unas **varillas**.

2 Incorpora la leche, los huevos, el aceite y la vainilla. Bátelo todo bien con las varillas hasta que los ingredientes se hayan mezclado y los huevos se hayan distribuido de forma uniforme. La masa todavía estará un poco grumosa. Déjala reposar 10 minutos para que espese.

3 En una **sartén grande**, calienta ½ cucharadita de aceite a fuego medio sin que humee (p. 17), unos 2 o 3 minutos.

!! 4 Con **guantes de horno**, toma la sartén por el mango y muévela con cuidado para que el aceite cubra la base de forma uniforme. Vuelve a poner la sartén en el fuego.

5 Con un **vaso medidor de 60 ml (¼ de taza)**, vierte 3 porciones de masa en la sartén, dejando espacio entre ellas. Usa el mismo vaso para dar forma de círculo a la masa. Si quieres añadirles ingredientes (véase Ideas para extras), espárcelos de manera uniforme sobre cada tortita cuando la masa todavía esté húmeda.

6 Fríe las tortitas 2 o 3 minutos, hasta que se formen burbujas en la superficie y las bases se doren (usa una **espátula** para levantar ligeramente las tortitas y comprobar su color).

7 Da la vuelta a las tortitas con la espátula y sigue friéndolas hasta que se doren también por el otro lado, 1 o 2 minutos. (Si las tortitas se empiezan a oscurecer demasiado rápido, baja un poco el fuego.)

¿SABÍAS QUE...?

A la receta básica de tortitas se le pueden añadir los ingredientes y sabores que quieras. Rosa Parks, famosa por su defensa de los derechos civiles, tenía una fantástica receta de tortitas con mantequilla de cacahuete.

8 Con la espátula, pasa las tortitas a un plato (en la introducción te contamos cómo hacer para mantenerlas calientes). Repite los pasos 5 a 7 con el resto de la masa. Antes de añadir la masa, agrega ½ cucharadita de aceite a la sartén cada vez y muévela para cubrir la base. Tendrás que repetir este proceso unas 4 o 5 veces. ¡No te olvides de apagar el fuego cuando termines de hacer todas las tortitas! Sírvelas.

IDEAS PARA EXTRAS

Después de añadir la masa a la sartén en el paso 5, puedes añadir a cada tortita unos arándanos (frescos o congelados), unas pepitas de chocolate (normales o mini) o 3 o 4 rodajas de plátano.

BEICON SIN ENSUCIAR

¡BEICON Y MÁS BEICON!

¿Te apetece un poco de beicon pero no quieres manchar la cocina? Tenemos dos formas de conseguirlo: en el microondas (si vas a hacer unas pocas tiras) o en el horno (si tienes muchas bocas que alimentar). El tamaño de las lonchas de beicon varía, así que presta mucha atención al final de la cocción para que no se quemen.

INGREDIENTES

Lonchas de beicon

BEICON AL HORNO

1. Coloca una **rejilla** en la parte central del horno, pero no lo enciendas todavía. Forra una **bandeja de horno** con **papel de aluminio** o **papel vegetal**.
2. Reparte el beicon por la bandeja, asegurándote de que las lonchas no se toquen.
3. Introduce la bandeja en el horno, caliéntalo a 220 °C (425 °F) y enciende el temporizador. Hornéalo hasta que el beicon se dore y esté crujiente, de 20 a 25 minutos.
4. !! Saca la bandeja del horno con los **guantes de horno** y colócala sobre una superficie resistente al calor o una **rejilla** para que se enfríe.
5. Usa unas **pinzas** para pasar el beicon a un **plato** forrado con **papel de cocina**. Sírvelo caliente.

BEICON AL MICROONDAS

1. Forra un **plato apto para microondas** con dos capas de **papel de cocina**.
2. Reparte de 2 a 4 lonchas de beicon por el plato, asegurándote de que no se toquen. Cúbrelo con otra capa de papel de cocina.
3. Introduce el plato en el microondas y caliéntalo durante 1 minuto a la máxima potencia. Comprueba si está cocinado y sigue calentándolo en intervalos de 1 minuto hasta que el beicon se dore y esté crujiente, de 2 a 6 minutos. El tiempo de cocción dependerá de tu microondas.
4. !! Saca el plato del microondas con los **guantes de horno** y colócalo sobre una superficie resistente al calor o una **rejilla** para que se enfríe. Sírvelo.

REBELDES EN LA COCINA

Florence Nightingale fue enfermera y cuidó de los soldados en el campo de batalla y hospitales. No solo se aseguraba de que recibieran el tratamiento que necesitaban, sino de que comieran bien. En 1861 publicó un libro de recetas para las tropas. Una de las recetas era de cerdo salado, un tipo de fiambre similar al beicon, y para hacerla se necesitaban dos ollas grandes, cada una con 17 kg (37 ½ libras) de carne. Florence afirmaba que, si se añadían alubias, con esa cantidad de carne se podía alimentar a 100 soldados.

PARA 2 PERSONAS

TOSTADAS DE AGUACATE

Ingredientes

1 aguacate maduro (p. 14)

1 cda. de aceite de oliva virgen extra

El zumo de ½ limón pequeño (p. 15)

2 rebanadas de pan

Sal y pimienta

Para un desayuno más contundente, puedes añadirle un huevo frito o beicon (p. 25). También puedes esparcir hierbas aromáticas, especias o queso por encima. Déjate inspirar por las ideas del apartado «¡Tostadas especiales!» de la página siguiente.

1 Sostén las mitades de aguacate sobre un **bol mediano** y apriétalas hasta que la pulpa caiga en el bol. Desecha las cáscaras.

2 Añade el aceite y el zumo de limón en el bol. Aplasta ligeramente la mezcla con un **prensa patatas** o un **tenedor** hasta que los ingredientes se mezclen bien y tenga una textura tan grumosa o fina como prefieras.

3 Tuesta el pan en un **tostador** hasta que se dore y coloca cada rebanada en un **plato**.

4 Con el dorso de una **cuchara**, reparte la mezcla de aguacate entre las tostadas hasta que quede uniforme. Sazona las tostadas con un poco de sal y pimienta y sírvelas.

REBELDES EN LA COCINA

Los aguacates se cultivan en México desde hace más de 10 000 años. Los indígenas los comían en tortillas de maíz, pero el resto del mundo tardó mucho en sumarse a la moda. Las tostadas de aguacate empezaron a aparecer en las cartas de los restaurantes en Australia en los años 90 y la chef Chloe Osborne las popularizó en Estados Unidos en los 2000. Los comía en Australia de niña y decidió incluirlos en la carta del Café Gitane, un famoso restaurante de Nueva York.

¡TOSTADAS ESPECIALES!

Tostadas de aguacaté con salmón

Omite la sal y la pimienta del paso 4 y añade 1 o 2 lonchas de salmón ahumado en cada tostada. Para terminar, esparce ½ cucharadita de «Everything Bagel» (una mezcla de semillas de amapola, ajo y cebolla en polvo y sal) por encima.

Tostadas de aguacate con queso feta y zatar

Esparce ½ cucharadita de zatar y un poco de queso feta desmenuzado sobre cada tostada.

TÚ ERES LA CHEF
«¡Me encantó preparar estos tacos y me sorprendieron todos los pasos! Los huevos parecían nubes y las tortillas, platillos volantes surcando los cielos». –Ariana, 10 años

TACOS DE DESAYUNO CON HUEVO Y QUESO

PARA 2 UNIDADES

Esta ingeniosa receta te permitirá cocinar los huevos fritos directamente en las tortillas de maíz. Siempre que se funda bien, puedes usar el queso que prefieras: cheddar, de sándwich, suizo... Termina los tacos con tus ingredientes favoritos: tomate picado, beicon, salchichas, aguacate, salsa picante, salsa de tomate... ¡Estarán buenísimos con todo!

INGREDIENTES

2 huevos grandes

Sal y pimienta

1 cdta. de aceite vegetal

2 lonchas de queso (véase intro receta) o 4 cdas. de queso rallado (p. 16)

2 tortillas de maíz pequeñas

1 Casca cada huevo en un **bol pequeño** o **taza**, sin que la yema se rompa. Sazónalos con un poco de sal y pimienta. Colócalos cerca del fuego.

2 En una **sartén grande**, calienta el aceite a fuego medio hasta que esté caliente pero no humee (p. 17), unos 2 minutos.

!! 3 Con los **guantes de horno**, toma la sartén por el mango y muévela con cuidado para que el aceite cubra la base de forma uniforme. Vuelve a poner la sartén en el fuego.

4 Añade los huevos, de uno en uno, en extremos opuestos de la sartén. Si te gusta que la yema quede líquida, intenta que no se rompa. También puedes usar la esquina de una espátula para romper la yema y que así se cocine bien.

5 Fríe los huevos 2 minutos. Dales la vuelta con la **espátula**. Coloca una loncha de queso encima de cada uno o esparce 2 cucharadas de queso rallado por encima. Cubre la sartén con una **tapa** y cocina 1 minuto más.

6 Ponte los guantes de horno y retira la tapa. Comprueba que el queso esté fundido; si no es así, tapa la sartén y déjala al fuego 30 segundos más. Cubre los huevos con queso con 1 tortilla de maíz.

!! 7 Pasa la espátula por debajo de uno de los huevos y, con cuidado, coloca la punta de los dedos encima de la tortilla. Dale la vuelta al taco, apartando los dedos al girarlo. Repite la operación con el otro taco.

8 Fríelos hasta que las tortillas se calienten, aproximadamente 1 minuto. Apaga el fuego y, con la espátula, pasa los tacos a un **plato**. Sazónalos al gusto.

REBELDES EN LA COCINA

Aunque hoy compramos las tortillas en el supermercado, antes las hacían las mujeres. ¡Y no era nada fácil! Primero molían el maíz, que remojaban y trataban de manera especial. Luego lo prensaban hasta darle forma redonda y plana y lo cocinaban al fuego. Hay chefs, como Rosalía Chay Chuc, que mantienen viva esta tradición mexicana y siguen haciendo tortillas a la antigua usanza. En su restaurante de Yucatán, en México, Rosalía sirve cochinita pibil, un guiso de cerdo cocinado a fuego lento, en tortillas caseras.

CONOCE A LA CHEF LAUREN TOYOTA

¿Con quién le gusta cocinar a Lauren? «Con nadie. ¡Me gusta cocinar sola! Ja, ja, ja».

De niña, a Lauren le encantaba prepararse un bol enorme de macarrones con queso y tumbarse a ver la tele. Hoy le siguen gustando mucho y, aunque ahora los hace veganos, este delicioso plato le sigue recordando su infancia.

En su página web y su canal de YouTube, así como en sus dos libros de cocina, prepara versiones veganas de recetas clásicas. Como a ella misma le gusta explicar: «Hago los platos de siempre, pero da la casualidad de que se preparan solo con plantas». Lauren no siempre supo que no era obligatorio comer carne y lácteos, así que le entusiasma enseñar a sus espectadores y lectores que la comida vegana también puede ser tan rica y variada como la que contiene productos animales. ¡O más!

Si Lauren organizara una cena para Rebeldes, invitaría a Oprah Winfrey, Martha Stewart y Chelsea Handler. Les prepararía versiones (veganas, *of course*) de sus platos sureños favoritos: verduras salteadas, pan de maíz, macarrones con queso, «pollo» frito hecho de setas y tarta de melocotón.

Lauren y las berenjenas tienen una relación complicada. Si no están preparadas como a ella le parece, es la verdura que menos le gusta, pero asadas y acompañadas de mantequilla de miso o salsa romesco, le parecen «exquisitas y muy interesantes».

SÁNDWICHES DE «ATÚN» DE GARBANZOS

PARA 4 UNIDADES

«Los garbanzos llenan mucho y es muy fácil triturarlos y añadirles ingredientes agridulces y crujientes. Estos sándwiches también se pueden preparar como un Sándwich de queso (p. 42). En lugar de untar el pan con mantequilla, ¡usa margarina! Los quesos veganos se funden mejor si se calientan despacio a fuego lento y se tapa la sartén. También puedes preparar los sándwiches de uno en uno. Y, si te sobra "ensaladilla de atún", refrigérala y consérvala hasta cuatro días». —Lauren Toyota

INGREDIENTES

- 1 bote de garbanzos cocidos grande escurridos y lavados
- 35 g (⅓ de taza) de apio picado fino
- 45 g (⅓ de taza) de pepinillos encurtidos picados finos
- 35 g (¼ de taza) de cebolla morada picada fina (p. 11)
- 75 g (⅓ de taza) de mayonesa vegana
- 1 cda. de zumo de limón (p. 15)
- 1 cda. de eneldo fresco picado fino (p. 10)
- 1 cdta. de sazonador cajún*
- ¼ de cdta. de sal marina
- ¼ de cdta. de pimienta
- 8 rebanadas de pan de centeno
- 8 lonchas de queso cheddar vegano

1. Coloca una **rejilla** en la parte central del horno y pon la función grill a la máxima potencia.
2. Pon los garbanzos en un **bol grande** y cháfalos con un **tenedor** o **prensa patatas** hasta que se deshagan y casi parezcan un puré. (Deja algunos trocitos; no queremos una pasta fina.)
3. Añade el apio, los pepinillos, la cebolla, la mayonesa, el zumo de limón, el eneldo, el sazonador, la sal y la pimienta. Mézclalo todo bien con una **cuchara**.
4. Coloca el pan en una sola capa en una **bandeja de horno**. Cubre 4 rebanadas con la ensaladilla de «atún» de garbanzos y 2 lonchas de queso cheddar vegano en cada una.
5. Introduce la bandeja en el horno hasta que el queso se funda y el pan se tueste ligeramente, unos 5 minutos. (¡Estate atenta! ¡No dejes que el pan se queme!)
6. !! Saca la bandeja del horno con los **guantes de horno** y colócala sobre una superficie resistente al calor o una **rejilla** para que se enfríe. Cierra los sándwiches colocando las 4 rebanadas de pan tostado sobre el queso fundido y la ensaladilla de «atún» de garbanzos. (Si lo prefieres, puedes hacer tostadas y no añadir la rebanada de pan superior.) Sírvelos.

*** Sazonador cajún**
Mezcla de especias picante compuesta por sal, pimentón, cayena, ajo, pimienta negra, tomillo, laurel y orégano.

TÚ ERES LA CHEF
«¡Me encantó! Como se dobla, tiene el tamaño perfecto. Solo usé la mitad de la mostaza para que no estuviera tan fuerte. Amo los pepinillos. Si te gustan tanto como a mí, añade más».
–Ella, 10 años

QUESADILLA DE JAMÓN Y QUESO

PARA 1 PERSONA

Si doblas la tortilla en cuartos, te resultará mucho más fácil añadir tus ingredientes favoritos sin que se desparramen. Esta receta es una adaptación bastante libre de un Cubano, el sándwich emblemático de los locales cubanos de Florida (Estados Unidos).

INGREDIENTES

1 tortilla de trigo grande

2 cdtas. de mostaza

2 lonchas de jamón cocido

2-3 rodajas de pepinillos grandes

1 loncha de queso suizo

1 cdta. de aceite vegetal

1 Corta la tortilla y añade la mostaza, el jamón, los pepinillos y el queso como se muestra en las fotos 1 y 2 de «Cómo rellenar y doblar tu quesadilla» (p. 36). Sigue ahora las fotos 3 y 4 para darle forma.

2 En una **sartén mediana**, calienta el aceite a fuego medio hasta que esté caliente pero no humee (p. 17), unos 2 minutos.

3 Baja el fuego a medio-bajo y, con una **espátula**, pasa la quesadilla a la sartén. Fríela hasta que se dore por uno de los lados, 3 o 4 minutos (usa una espátula para levantarla ligeramente y comprobar su color).

4 Cuando esté lista, dale la vuelta con la ayuda de la espátula. Cocina hasta que se dore también por este lado, 1 o 2 minutos. Apaga el fuego.

!! 5 Con cuidado, pasa la quesadilla a un **plato**. Sírvela caliente.

¿SABÍAS QUE...?

Las quesadillas tradicionales se hacen con queso Oaxaca, típico del sur de México. Según algunos historiadores, este queso lo inventó una niña de 14 años, Leobarda Castellanos García. Era ella la que hacía el queso en su familia y debía controlar la leche desde que cuajaba, o se endurecía, hasta que alcanzaba la textura perfecta. En una ocasión, dejó que reposara demasiado tiempo y quedó seco y quebradizo. Para intentar aprovecharlo, lo mezcló rápidamente con agua caliente. El resultado fue el queso Oaxaca, fibroso y elástico.

CÓMO RELLENAR Y DOBLAR TU QUESADILLA

1

Coloca la tortilla sobre una **tabla de cortar**. Con un **cuchillo de chef** o un **cortapizzas**, córtala desde el centro hasta el borde.

2

Con un **cuchillo para mantequilla**, a la derecha del corte que acabas de hacer, unta un cuarto de la tortilla con la mostaza formando un triángulo. En sentido contrario a las agujas del reloj, coloca el jamón en el siguiente cuarto (dobla las lonchas para que quepan), los pepinillos en el otro y el queso en el último.

4

Dobla ahora el segundo cuarto sobre el tercero (el del pepinillo). Para terminar, dobla el último cuarto (el del queso) sobre el tercero para que la quesadilla tenga forma de triángulo.

3

Dobla el primer cuarto (el de la mostaza) sobre el segundo (el del jamón).

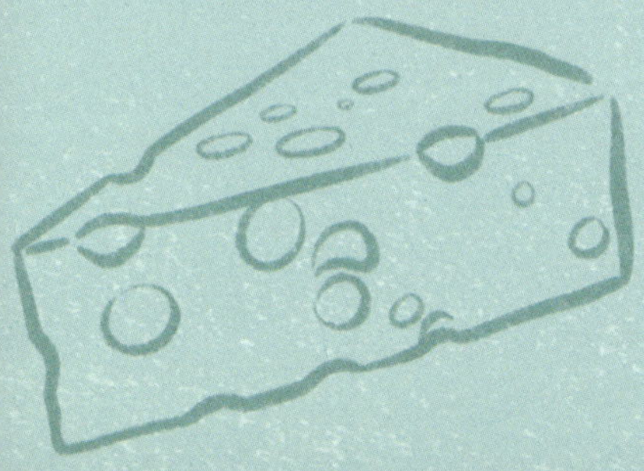

El primer recuerdo de Ali en la cocina es de ella sacando el arroz de la arrocera con una espátula de plástico. De hecho, su madre inmortalizó ese fantástico momento con una foto.

Ali describe sus platos como «deliciosos y llenos de amor». Escribe recetas para *The New York Times* y *The Washington Post*, trabaja como estilista de alimentos y editora de libros de cocina y ha publicado un libro, *I Dream of Dinner (So You Don't Have To)*. Sus recetas son muy sencillas y se preparan rápido, por lo que son ideales para las cenas entre semana. ¡Y están deliciosas!

¿Qué le hubiera gustado a Ali saber cuando empezó? «Te equivocarás muchas veces, incluso cuando seas una chef con experiencia».

SÁNDWICH CAPRESE CON FOCACCIA CASERA

PARA 6 UNIDADES

«En el colegio, mientras el resto de los niños se tomaban sus sándwiches de jamón y queso o de mantequilla de cacahuete con mermelada, yo devoraba los sándwiches *caprese* que me preparaba mi madre. Con finas rodajas de tomate, mozzarella cremosa, rúcula y albahaca, sigue siendo uno de mis sándwiches favoritos. En esta receta seremos más ambiciosas y haremos también el pan ¡con masa de pizza!, que quedará crujiente y ligero, como una focaccia, pero un poco más fino de lo habitual. Así, el sándwich tendrá la proporción perfecta de pan y relleno. Pero, si no te apetece encender el horno y hacer pan casero, compra una chapata ya hecha y listo, como hacía mi madre». —Ali Slagle

INGREDIENTES

450 g (1 lb) de masa de pizza

3 cdas. de aceite de oliva virgen extra, y un poco más para rociar

Sal marina en escamas

2 tomates medianos

450 g (1 lb) de mozzarella fresca

60 g (3 tazas) de rúcula baby

1 puñado de hojas de albahaca (unas 12)

1. Unas 2 horas antes de comer, saca la masa de pizza del frigorífico y déjala reposar en la encimera hasta que alcance la temperatura de la habitación (no la tendrás que notar fría cuando la toques).
2. Coloca una **rejilla** en la parte central del horno y caliéntalo a 230 °C (450 °F). Vierte el aceite de oliva en una **fuente de horno mediana**. Añade la masa y dale la vuelta para que se cubra bien de aceite (no la presiones demasiado, ni con demasiada fuerza, o el pan quedará duro). Presiónala y estírala con las manos hasta cubrir toda la fuente. Si ves que intenta recuperar su forma anterior, es que aún está un poco fría. Espera unos minutos antes de seguir.
3. Presiona las puntas de los dedos contra la masa, como si estuvieras tocando el piano. Esparce una pizca generosa de sal por encima.
4. !! Introduce la fuente en el horno hasta que la masa se dore por arriba y por abajo, de 15 a 20 minutos. Sácala del horno con los **guantes de horno** y colócala sobre una superficie resistente al calor. Con cuidado, usa una **espátula** para pasar la focaccia a una **rejilla** para que se enfríe.

CONTINÚA

SÁNDWICH CAPRESE CON FOCACCIA CASERA
(CONTINÚA)

5 Mientras la focaccia está en el horno, corta los tomates y la mozzarella en rodajas finas (no pasa nada si no te quedan iguales) sobre una **tabla de cortar**. Reparte los tomates por la tabla y sazónalos con una pizca generosa de sal en escamas. (Verás que los tomates sueltan un montón de líquido al cabo del rato y es que la sal hace que expulsen el agua que contienen. Esto hará que estén aún más ricos.)

!! 6 Cuando la focaccia se haya enfriado lo suficiente para tocarla sin quemarte, córtala en 6 trozos con un **cuchillo de sierra**. Para ello, córtala primero por la mitad, a lo largo. A continuación, córtala por el lado más corto para obtener 3 trozos iguales de cada mitad. Con mucho cuidado, corta cada trozo por el medio para obtener las partes superiores e inferiores de los sándwiches.

7 Abre la focaccia y deja las partes interiores hacia arriba. En las piezas inferiores, coloca, en este orden, los tomates, la mozzarella, la rúcula y la albahaca. Sazónalo todo con un poco de sal en escamas y rocíalo con aceite de oliva. Cierra los sándwiches y listos para comer.

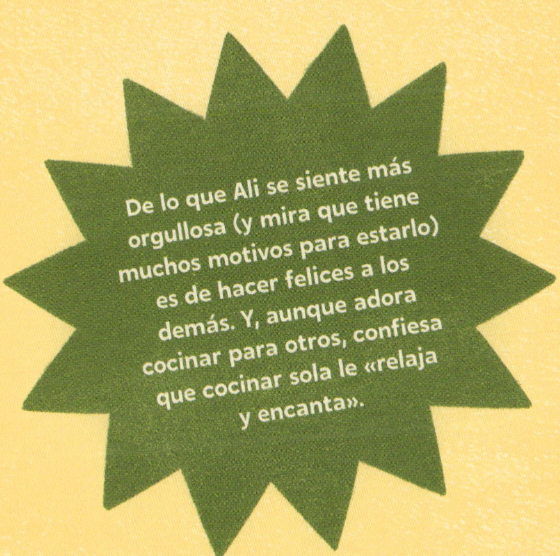

PARA 1 PERSONA

SÁNDWICH DE QUESO CON MANZANA

INGREDIENTES

1 cda. de mantequilla sin sal blanda

2 rebanadas de pan de molde

2 lonchas de queso cheddar, o 60 g (½ taza) de queso cheddar rallado (p. 16)

3-4 rodajas de manzana

Siempre que se funda bien, puedes usar el queso que prefieras en lugar de cheddar: mozzarella, queso sándwich, suizo… ¡Todos valen! Si el pan que usas es grande, quizás necesites tres lonchas de queso en lugar de dos (usa 1 loncha y media en cada rebanada para cubrir bien toda la superficie del pan). Si quieres preparar 2 sándwiches a la vez, duplica las cantidades de los ingredientes y hazlos al mismo tiempo en una sartén grande. Y, si prefieres que solo lleve queso, olvídate de las manzanas.

1. Con un **cuchillo para mantequilla**, unta 1 rebanada de pan con la mitad de la mantequilla. Coloca el pan en una **sartén antiadherente**, con la parte untada de mantequilla hacia abajo.

2. Añade 1 loncha de queso (o la mitad del queso rallado) encima del pan. Después, agrega las rodajas de manzana encima y cúbrelas con el resto del queso.

3. Cierra el sándwich con la otra rebanada de pan y presiónalo suavemente con la mano para que quede bien unido. Extiende la mantequilla restante en una capa uniforme por encima del pan.

4. Calienta la sartén a fuego medio-bajo, cúbrela con una **tapa** y tuéstalo hasta que la parte de abajo se dore (usa una **espátula** para levantarlo ligeramente y comprobar su color), de 5 a 9 minutos. Cuando se haya dorado, dale la vuelta y presiónalo suavemente con la espátula. Coloca la tapa de nuevo y tuéstalo hasta que la otra cara también se dore, 1 o 2 minutos más.

5. Apaga el fuego y, con los **guantes de horno**, retira la tapa de la sartén. Con la espátula, pasa el sándwich a una **tabla de cortar**. Deja que se enfríe 2 minutos y córtalo por la mitad con un **cuchillo de chef**. Sírvelo caliente.

¡PRUEBA NUEVOS SABORES!

Sándwich de queso con kimchi

En lugar de las manzanas, usa 40 g (¼ de taza) de kimchi. Antes de añadirlo, escúrrelo con un colador, sécalo con papel de cocina y pícalo con un cuchillo de chef.

Sándwich de queso con beicon y tomate

En lugar de manzanas, añade 2 lonchas de beicon asadas (p. 25) cortadas por la mitad y 1 o 2 rodajas de tomate.

¿SABÍAS QUE...?

Jacinda Ardern, ex primera ministra de Nueva Zelanda, es toda una experta en manzanas, ya que se crio en una explotación agrícola y la recorría con un tractor antes incluso de conducir un coche.

TÚ ERES LA CHEF
«¡Genial! ¡Y muy divertido! Me encanta con cebolla y cilantro». –Isabelle, 8 años

GUACAMOLE PARA DOS

PARA 2 PERSONAS

En esta receta, la piel del aguacate sirve de cuenco para cada ración de guacamole. Es una forma rápida y sencilla de preparar guacamole para dos personas (y, además, ¡habrá menos platos que lavar después!). Si lo prefieres, puedes añadir 1 cucharadita y media de jalapeño encurtido en rodajas en lugar de fresco.

INGREDIENTES

- 1 aguacate maduro cortado por la mitad y deshuesado (p. 14)
- El zumo de ½ lima pequeña (p. 15)
- 1 cda. de cebolla picada fina (p. 11, opcional)
- 2 cdtas. de cilantro fresco picado (p. 10, opcional)
- ½ jalapeño fresco pequeño picado fino (p. 12, opcional)
- Sal
- Nachos, para acompañar

1. Coloca las mitades de aguacate con el interior hacia arriba y, con un **cuchillo para mantequilla**, haz 3 cortes a lo largo de la pulpa (sin llegar a la piel) y 4 cortes a lo ancho (en la dirección opuesta). Obtendrás un patrón cruzado.
2. Aplasta con suavidad los trozos de aguacate con un **tenedor** dentro del propio aguacate, rebañando bien toda la pulpa de los laterales y la parte inferior sin que el tenedor atraviese la piel. (Imagina que es un bol.)
3. Reparte el zumo de lima entre las mitades de aguacate, así como la cebolla, el cilantro y el jalapeño (si los usas). Sazona cada mitad con una pizca de sal. Aplasta y remueve los ingredientes con un tenedor hasta que todo esté bien mezclado. Sírvelo acompañado de nachos.

REBELDES EN LA COCINA

Se cree que el guacamole lo inventaron los aztecas, uno de los pueblos indígenas que vivía en lo que hoy es México. Algunos historiadores aseguran que en aquella época a las mujeres ni siquiera se les permitía cosechar aguacates. Por suerte, eso ya es historia y son muchas las chefs que tienen versiones propias de este plato. Marcela Valladolid, chef, escritora y presentadora de televisión, le añade mango al guacamole, mientras que la chef y restauradora Martha Ortiz lo decora con granada.

PARA 370 G
(1½ TAZAS)

HUMMUS

El tahini es una pasta que se elabora con semillas de sésamo. Lo puedes encontrar en el supermercado. El hummus está delicioso solo, pero también se le pueden añadir otros ingredientes. Pruébalo, por ejemplo, con Aderezo de pimiento rojo (p. siguiente), una pizca de zatar, zumaque o pimentón molidos, hierbas aromáticas picadas o incluso una cucharada de pesto.

INGREDIENTES

- 1 bote de garbanzos cocidos grande escurridos y lavados
- 1 diente de ajo pelado y picado (p. 13)
- 3 cdas. de tahini
- 1 cda. de zumo de limón (p. 15)
- ¼ de cdta. de comino molido
- 55 g (¼ de taza) de aceite de oliva virgen extra
- 2 cdas. de agua
- Sal y pimienta
- Pan de pita, galletitas saladas o verduritas para acompañar

1. Pon los garbanzos en un **procesador de alimentos** y añade el ajo, el tahini, el zumo de limón y el comino.
2. Coloca la tapa del procesador y asegúrate de que está bien cerrado. Procésalo 1 segundo y para. Repite la operación de 10 a 15 veces hasta que los garbanzos estén picados finos.
3. Detén el procesador, quita la tapa y rebaña las paredes del vaso con una **espátula de silicona**.
4. Añade el aceite de oliva a la mezcla de garbanzos, vuelve a colocar la tapa y procésalo 30 segundos. Detén el procesador, quita la tapa y rebaña las paredes de nuevo.
5. Agrega el agua a la mezcla de garbanzos, vuelve a colocar la tapa y procesa la mezcla hasta que quede fina y cremosa, unos 30 segundos. Detén el procesador.
6. !! Con mucho cuidado, retira la cuchilla del procesador y pasa el hummus a un **bol pequeño**. Sazónalo al gusto con sal y pimienta (p. 17). Sírvelo con pan de pita, galletitas saladas o verduritas cortadas. Si no lo vas a usar de inmediato, resérvalo en el frigorífico en un recipiente hermético hasta 5 días.

REBELDES EN LA COCINA

Hay muchos restaurantes de hummus en Oriente Medio, pero no es habitual que las propietarias sean mujeres. Arin Abu-Hamid Kurdi es una de las pocas chefs de Israel que tiene uno. Una de sus especialidades es el hummus con *baharat*, una mezcla de especias entre las que se incluye la canela.

Aderezo de pimiento rojo

!! Cuando tengas listo el hummus, pásalo a un bol grande con la ayuda de una espátula de silicona. (Asegúrate de que rebañas bien el vaso del procesador de alimentos, aunque no hace falta que lo laves.) Añade al procesador ½ pimiento rojo picado grueso, 1 diente de ajo pequeño, 2 cucharadas de hojas de perejil fresco, 2 cucharadas de aceite de oliva virgen extra y 1 cucharada de nueces. Ciérralo y procesa todo durante 1 segundo. Repite la operación 10 veces hasta que esté picado fino. Con mucho cuidado, retira la cuchilla del procesador y sazona al gusto con sal y pimienta. Añade el pimiento al hummus y sírvelo.

¡MADUROS AL HORNO! (PLÁTANOS MACHO)

PARA 4 PERSONAS

INGREDIENTES

3 plátanos macho muy maduros (280 g [10 onzas] en total)

1 cda. de aceite de oliva virgen extra

½ cdta. de sal

Dorados por fuera y blanditos por dentro, los «maduros» se preparan con plátanos macho muy maduros y son una guarnición muy popular en toda América Latina y el Caribe. A medida que maduran, los plátanos macho pasan del color verde al amarillo y después al negro. En esta receta tendrás que usar plátanos macho muy, muy maduros. Compra los que estén completamente negros.

1 Coloca una **rejilla** en la parte central del horno y caliéntalo a 230 °C (450 °F). Forra una **bandeja de horno** con **papel vegetal**.

2 Coloca los plátanos macho sobre una **tabla de cortar** y, con un **cuchillo de chef**, retira los extremos y deséchalos. Corta la piel de los plátanos a lo largo asegurándote de no atravesar la carne. Pélalos con las manos, retira la piel por completo y deséchala. Corta los plátanos a lo ancho en 8 trozos, en diagonal, formando un ángulo (a esto también se le llama cortar «al bies»).

3 Reparte las rodajas de plátano por la bandeja de horno preparada. Rocíalas con el aceite y sazónalas con sal. Frótalas con las manos para que se impregnen de manera uniforme. Repártelas de nuevo por la bandeja en una capa uniforme.

4 Introduce la bandeja en el horno hasta que se doren por un lado, unos 5 o 7 minutos.

!! 5 Saca la bandeja del horno con los **guantes de horno** y colócala sobre una superficie resistente al calor o una **rejilla** para que se enfríe. Dale la vuelta al plátano con la ayuda de la **espátula**.

!! 6 Introduce la bandeja en el horno de nuevo y cocina hasta que se dore la otra cara, de 5 a 7 minutos.

!! 7 Saca la bandeja del horno con los guantes de horno y colócala sobre una superficie resistente al calor o una rejilla para que se enfríe. Sírvelos.

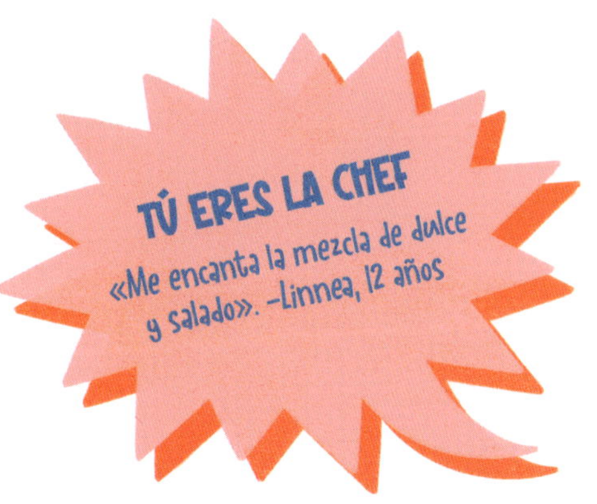

PALOMITAS DE PIZZA

PARA 2-3 PERSONAS
(5 TAZAS)

INGREDIENTES

1 cda. de aceite vegetal

55 g (¼ de taza) de granos de palomitas de maíz enteros

2 cdas. de mantequilla sin sal derretida (p. 17)

1 cdta. de concentrado de tomate

½ cdta. de hierbas provenzales

¼ de cdta. de sal, y un poco más para sazonar

20 g (¼ de taza) de queso parmesano rallado (p. 16).

Prepara unas palomitas con el sabor que más te apetezca. Puedes usar los ingredientes que te indicamos en esta receta o utilizar las especias que encuentres en los armarios, en el frigorífico o la despensa de tu casa. Si te gustan los sabores clásicos, añade solo 2 cucharadas de mantequilla derretida y una pizca de sal. Las cantidades se pueden modificar fácilmente para preparar un gran bol de palomitas para compartir. Si quieres, puedes añadirle también un poco de pimentón picante.

1. En una **cazuela grande**, pon el aceite y 3 granos de maíz (¡servirán de prueba para saber cuándo el aceite alcanza la temperatura adecuada para añadir el resto!). Tapa la cazuela pero déjala ligeramente entreabierta, es decir, tapada casi del todo excepto un pequeño hueco.
2. Calienta el aceite a fuego medio-alto hasta que las palomitas de prueba salten, de 1 a 3 minutos (tendrás que estar atenta para escuchar si saltan, pero alejada de la cazuela por si salpica algo de aceite). Apaga el fuego y retira la cazuela.
3. Ponte **guantes de horno** y abre la tapa. Con cuidado, añade el resto de las palomitas. Tapa la cazuela por completo y espera 30 segundos.
4. Vuelve a colocarla en el fuego, ajustándolo a fuego medio. Utiliza los guantes de horno para dejar la tapa ligeramente entreabierta (así el vapor podrá salir durante la cocción y las palomitas permanecerán en la cazuela). Cocina las palomitas hasta que empiecen a saltar enérgicamente, de 1 a 3 minutos.
5. Cocínalas 1 o 2 minutos más, hasta que pasen unos 2 segundos entre cada estallido. Apaga el fuego y retira la cazuela.
6. Ponte los guantes de horno para retirar la tapa con cuidado (mantén la cara alejada, ¡el vapor estará muy caliente!) y pasa las palomitas a un **bol grande**.

CONTINÚA

REBEL

PALOMITAS DE PIZZA (CONTINÚA)

7 En un **bol pequeño**, bate la mantequilla derretida, el concentrado de tomate, las hierbas provenzales y ¼ de cucharadita de sal con unas **varillas** hasta que se mezclen bien. Rocía la mezcla sobre las palomitas. Remueve las palomitas con una **espátula de silicona** hasta que todas estén bien cubiertas. Esparce el queso parmesano por encima y remuévelas otra vez. Pruébalas y, si quieres, sazónalas con un poco más de sal (p. 17). Sírvelas.

PALOMITAS CON SABOR A PEPINILLO

En lugar del concentrado de tomate y las hierbas provenzales, mezcla 1 cucharadita de vinagre de vino blanco, 1 cucharadita de eneldo seco y ½ cucharadita de ajo en polvo con la mantequilla derretida y la sal. No añadas queso parmesano.

¿SABÍAS QUE...?

Durante la Segunda Guerra Mundial, espías como la estadounidense Virginia Hall llevaron a cabo peligrosas misiones para ayudar a poner fin al conflicto. Desde sus hogares, el resto de la población apoyaba a las tropas de una forma menos peligrosa: cambiando sus hábitos alimentarios. El Gobierno racionó el azúcar para enviárselo a los soldados que se encontraban en el frente. El racionamiento del azúcar y la popularidad de las películas hizo que, durante la Segunda Guerra Mundial, los estadounidenses comieran tres veces más de palomitas saladas de lo habitual.

MIX DE SNACKS CON MIEL PICANTE

PARA 6 PERSONAS (6 TAZAS)

¡Personalizar un *mix* de snacks es facilísimo! En lugar de los chips de bagel, pretzel o cacahuetes con miel que usamos aquí, puedes usar los snacks crujientes que más te gusten: palomitas de maíz, chips de pita, nachos, galletitas saladas o una mezcla de frutos secos. (Los cereales pueden ser de la marca Chex, Crispix o Cheerios.) Para la salsa, no uses una demasiado picante, como el tabasco, sino una un poquito más suave, como la sriracha, o con una base de vinagre, como la Valentina, Búfalo, Tapatío o Botanera.

INGREDIENTES

- Aceite vegetal en spray
- 100 g (3 tazas) de cereales cuadrados de maíz, arroz o trigo
- 60 g (1 taza) de chips de bagel
- 120 g (1 taza) de pretzel mini
- 120 g (1 taza) de cacahuetes con miel
- 4 cdas. de mantequilla sin sal derretida (p. 17)
- 2 cdas. de miel
- 1-2 cdas. de salsa picante (véase intro receta)
- 2 cdtas. de azúcar blanco
- ½ cdta. de sal

1. Coloca una **rejilla** en la parte central del horno y caliéntalo a 120 °C (250 °F). Engrasa una **fuente de horno mediana** con aceite vegetal en spray.
2. En un **bol grande**, mezcla los cereales, los chips de bagel, los pretzel y los cacahuetes. Remuévelos con una **espátula de silicona** para que se mezclen bien.
3. En un **bol pequeño**, mezcla la mantequilla derretida, la miel, la salsa picante, el azúcar y la sal con unas **varillas**. Vierte la mezcla sobre los snacks. Remuévelos con la espátula de silicona hasta cubrirlos de manera uniforme.
4. Pasa la mezcla a la fuente engrasada y repártela con la ayuda de la espátula de silicona hasta formar una capa uniforme.
5. Introduce la fuente en el horno hasta que la mezcla se dore y esté crujiente, unos 45 minutos.
6. !! Saca la fuente del horno con los **guantes de horno** y colócala sobre una superficie resistente al calor o una **rejilla** para que se enfríe. Remueve con suavidad la mezcla con la espátula de silicona, rebañando la salsa que se haya quedado en el fondo (¡ten cuidado!, estará muy caliente). Déjala que se enfríe por completo, unos 20 minutos y sírvela o pásala a un recipiente hermético. Se conservará 1 semana a temperatura ambiente.

Mix de snacks con furikake

Este snack, muy popular en Hawái, lleva *furikake*, un condimento japonés a base de algas secas, semillas de sésamo, copos de bonito y sal. Lo encontrarás en la sección asiática del supermercado o en internet. Sustituye la salsa picante por 2 cucharadas de salsa de soja y omite la sal. Al final del paso 3, esparce 2 cucharadas de *furikake* sobre la mezcla, remuévela bien y lista.

¿Sabías que...?

A la joven empresaria Mikaila Ulmer le daban pánico las abejas desde que le picaron de niña. Superando su miedo, se propuso saber más sobre estos insectos y descubrió lo importantes que son para el medioambiente. Ahora hace limonada con miel y destina parte de los beneficios a ayudar a las abejas de todo el mundo. ¡Ha vendido más de 2 millones de botellas!

PARA 8 UNIDADES

TORRIJAS

Esta receta de torrijas no es nada estricta. Puedes usar pan de molde, pero también optar por rebanadas de un pan más grueso, como el challah o el brioche. Si te decantas por esta opción y usas rebanadas más gruesas, tendrás que aumentar el tiempo de horneado en el paso 2 a 15 minutos y el de remojo, en el paso 5, a 30 segundos por cada lado para asegurarte de que el pan se empapa bien. No uses un pan con mucha corteza, como el de masa madre, es mejor que sea más blandito.

Sirve las torrijas con un poco más de mantequilla y sirope de arce, azúcar glas o Salsa de fresas (p. 153).

INGREDIENTES

8 rebanadas de pan de molde

4 huevos grandes

3 cdas. de azúcar blanco

1 pizca de canela molida

1 pizca de nuez moscada molida

1 pizca de sal

320 ml (1⅓ tazas) de leche

¼ de cdta. de extracto de vainilla

2 cdas. de mantequilla sin sal

1. Coloca una **rejilla** en la parte central del horno y caliéntalo a 95 °C (200 °F). Dispón otra **rejilla** sobre una **bandeja de horno**.
2. Reparte las rebanadas de pan por la rejilla y, cuando el horno esté caliente, introduce la bandeja en el horno hasta que el pan se seque, unos 10 minutos.
3. Mientras, mezcla en un **plato llano** los huevos, el azúcar, la canela, la nuez moscada y la sal con unas **varillas**. Bate hasta que las yemas y las claras se mezclen bien. Añade la leche y la vainilla y bate hasta obtener una mezcla homogénea. ¡Esta mezcla es la natilla con la que empaparás las torrijas!
4. !! Saca la bandeja del horno con los guantes de horno y colócala sobre una superficie resistente al calor o una rejilla para que se enfríe (¡no apagues el horno todavía!). Deja que el pan se enfríe un poco y pásalo a otra **bandeja de horno**. Con los guantes de horno, vuelve a introducir la bandeja con la rejilla en el horno (aquí pondrás las torrijas después para mantenerlas calientes).
5. Introduce 1 rebanada de pan fría en la mezcla de huevo y presiónala unos 15 segundos. Dale la vuelta y remójala 15 segundos más, de modo que el líquido llegue al centro del pan.

CONTINÚA

TORRIJAS (CONTINÚA)

6 Con cuidado, retira el pan de la mezcla y deja que gotee en el plato. Vuelve a colocar el pan en la bandeja de horno. Repite la operación con el resto de las rebanadas. Lávate las manos y desecha el líquido que sobre cuando hayas terminado.

7 Con un **cuchillo para mantequilla**, corta cada cucharada de mantequilla por la mitad (tendrás 4 trozos en total).

8 Añade 1 trozo de mantequilla a una **sartén grande** y caliéntala a fuego medio hasta que se derrita, 2 o 3 minutos.

!! 9 Con los **guantes de horno**, toma la sartén por el mango y muévela con cuidado para que la mantequilla cubra la base de forma uniforme. Vuelve a poner la sartén en el fuego.

10 Pasa 2 rebanadas de pan a la sartén con una **espátula**. Fríelas hasta que el pan se dore por debajo (levántalo ligeramente con la espátula para comprobar su color), de 2 a 4 minutos.

11 Dales la vuelta con la espátula y fríelas hasta que se doren por la otra cara, de 2 a 4 minutos. (Si las torrijas cambian de color demasiado rápido, baja un poco el fuego.)

12 Con la ayuda de la espátula, pasa las torrijas a la bandeja que está en el horno. Repite los pasos 7 a 10 con el resto del pan. ¡No te olvides de apagar el fuego cuando termines!

!! 13 Saca la bandeja del horno con los guantes de horno y colócala sobre una superficie resistente al calor o una rejilla para que se enfríe. Sírvelas calientes.

¿SABÍAS QUE...?

La primera receta de torrijas data del siglo v y la preparaban los romanos. Sabemos que las Rebeldes romanas, como Hortensia, una famosa oradora, ya disfrutaban de este pan remojado en leche y huevo, frito y cubierto de miel.

BANANA BREAD CON CREMA DE CHOCOLATE Y AVELLANAS

PARA 1 UNIDAD

Cuando están muy maduros, los plátanos tienen la piel a manchas negras o marrones y están muy blanditos. El tiempo de horneado variará en función del tamaño del molde que utilices. Si usas un molde rectangular de bizcocho de 21 x 11 cm (8,5 x 4,5 in), tardará un poco más en hornearse. Empieza a comprobar la cocción hacia el final del tiempo indicado. Si el molde es un poco más grande, tardará menos, así que será mejor que empieces a comprobar si está listo un poquito antes. En esta receta hemos usado Nutella, pero puedes usar cualquier crema de chocolate y avellanas.

INGREDIENTES

- Aceite vegetal en spray
- 3 plátanos muy maduros pelados
- 150 g (¾ de taza) de azúcar blanco
- 2 huevos grandes
- 80 ml (⅓ de taza) de aceite vegetal
- 60 ml (¼ de taza) de leche
- 1 cdta. de extracto de vainilla
- 250 g (2 tazas) de harina
- 1 cdta. de bicarbonato sódico
- ½ cdta. de sal
- 90 g (½ taza) de crema de chocolate y avellanas
- 2 cdas. de avellanas picadas (opcional)

1. Coloca una **rejilla** en la parte central del horno y caliéntalo a 180 °C (350 °F). Engrasa un **molde rectangular de metal** o **vidrio** con aceite vegetal en spray.
2. En un **bol grande**, aplasta los plátanos con un **prensa patatas** o un **tenedor** hasta que quede un puré ligero pero en el que se noten los trozos de plátano. Añade el azúcar, los huevos, el aceite, la leche y la vainilla y bate todo bien con unas **varillas**.
3. Agrega la harina, el bicarbonato y la sal y, con la ayuda de una **espátula de silicona**, mezcla bien todos los ingredientes hasta que no se vea harina seca (asegúrate de rebañar bien la base y las paredes del bol mientras remueves, pues podría haber harina pegada ahí).
4. Pon la crema de chocolate y avellanas en un **bol mediano apto para microondas**. Caliéntala en el microondas hasta que esté un poco más líquida (puedes probar a agitar el bol para comprobarlo), de 15 a 30 segundos.
5. Llena hasta la mitad un **vaso pequeño** con la masa del *banana bread* y viértela en el bol con la crema de chocolate y avellanas. Mézclalo bien.

CONTINÚA

OPINEL
TÚ ERES LA CHEF
«¡Mezclar los colores con los palillos fue superdivertido!».
–Marian, 9 años

BANANA BREAD CON CREMA DE CHOCOLATE Y AVELLANAS

(CONTINÚA)

6 Vierte la mitad de la masa normal sin chocolate en el molde engrasado y usa la espátula de silicona para extenderla en una capa uniforme. Con una **cuchara**, añade la mitad de la masa de chocolate y avellanas sobre la masa que está en el molde.

7 Vierte el resto de la masa sin chocolate por encima, alísala con la espátula de silicona y añade el resto de la masa con chocolate, a cucharadas. Usa un **cuchillo para mantequilla** o unos **palillos** para mezclar ambas masas. Esparce las avellanas por encima (si decides usarlas).

!! 8 Introduce el molde en el horno y cocina de 1 hora a 1 hora y 15 minutos (dependiendo del molde) hasta que al insertar un **palillo** en el centro, salga casi limpio, con solo algunas migas húmedas adheridas.

9 Saca el molde del horno con los **guantes de horno** y colócalo sobre una **rejilla** para que se enfríe. Deja que se enfríe en el molde durante 15 minutos.

10 Con los guantes de horno, dale la vuelta al molde y saca el *banana bread* (¡ten cuidado!, el molde y el bizcocho aún estarán calientes; si ves que el bizcocho se pega, pasa un cuchillo para mantequilla por los bordes del molde para separarlo). Dale la vuelta de nuevo y deja que se siga enfriando sobre la rejilla durante al menos 1 hora. Córtalo y sírvelo caliente o a temperatura ambiente.

REBELDES EN LA COCINA

La isla de Maui, en Hawái, es famosa por su *banana bread*, que se elabora con plátanos locales. Sandy Hueu empezó a hornear sus famosos *banana breads* en 1983 y, treinta años más tarde, su hija se unió a ella. Tienen un restaurante, el Aunty Sandy's, en un largo tramo de carretera salpicado de pequeños puestos de comida y restaurantes.

PARA 12 UNIDADES

MUFFINS DE FRUTOS ROJOS

INGREDIENTES

Aceite vegetal en spray

375 g (3 tazas) de harina

150 g (¾ de taza) de azúcar blanco

2 cdtas. de levadura en polvo

1 cdta. de sal

360 ml (1½ tazas) de leche

80 ml (⅓ de taza) de aceite vegetal

2 huevos grandes

2 cdtas. de extracto de vainilla

220 g (1½ tazas) de arándanos, moras, frambuesas o fresas troceadas, o una mezcla

1 cda. de azúcar moreno de caña (opcional)

En este receta puedes usar frutos rojos frescos o congelados, pero, si son congelados, descongélalos y sécalos con papel de cocina antes de incorporarlos a la masa. Una forma fácil de hacerlo consiste en ponerlos en una bandeja de horno forrada con papel de cocina y dejarlos reposar en la encimera unos 20 minutos. Si usas frambuesas o moras grandes, córtalas por la mitad a lo ancho. Y, si usas fresas, quítales el rabito y córtalas en trocitos pequeños, de aproximadamente un dedo de grosor. El azúcar moreno de caña dará un toque dulce y crujiente a los muffins, pero si no tienes, lo puedes sustituir por azúcar blanco (o no añadir nada de azúcar).

1. Coloca una **rejilla** en la parte central del horno y caliéntalo a 220 °C (425 °F). Engrasa el interior de los huecos de un **molde para 12 magdalenas** y la parte superior del molde con aceite vegetal en spray. Cúbrelo bien.

2. En un **bol grande**, mezcla la harina, el azúcar, la levadura en polvo y la sal con unas **varillas**. En un **bol mediano**, bate la leche, el aceite, los huevos y la vainilla con las varillas.

3. Añade los frutos rojos al bol con la mezcla de harina y remuévelos suavemente con una **espátula de silicona** hasta que se cubran de harina (así no se hundirán durante el horneado).

4. Incorpora la mezcla de leche a la de harina y, con la espátula de silicona, remueve hasta que todos los ingredientes se mezclen y no se vea harina seca (rebaña bien la base y las paredes del bol, pues podría haber harina pegada ahí).

5. Reparte la masa por los moldes engrasados de manera uniforme con un **cucharón**. Rebaña bien el bol con la espátula de silicona para no desperdiciar nada de masa y esparce el azúcar moreno por encima (si decides usarlo).

6. Introduce el molde en el horno y hornea los muffins. Estarán listos cuando se doren y, al insertar un palillo, salga limpio, al cabo de 18 a 22 minutos.

!! 7 Saca el molde del horno con los **guantes de horno** y colócalo sobre una **rejilla** para que se enfríe. Deja que los muffins se enfríen en el molde durante 15 minutos.

8 Con mucho cuidado, saca los muffins del molde y colócalos directamente sobre la rejilla (¡ten cuidado!, el molde aún estará caliente). Deja que se enfríen durante al menos 10 minutos. Sírvelos calientes o a temperatura ambiente.

PARA UNOS 500 ML (2 TAZAS)

SMOOTHIE VERDE TROPICAL

INGREDIENTES

65 g (1 taza) de hojas de kale picadas sin los tallos

165 g (1 taza) de trozos de piña congelados

165 g (1 taza) de trozos de mango congelados

225 g (1 taza) de leche de coco ligera (véase intro receta)

Este smoothie, de un intenso sabor a piña, mango y coco, sabe como unas vacaciones en la playa. Usa la leche de coco ligera que se vende en latas, no la sólida de la sección de refrigerados. Si quieres, la puedes sustituir por agua de coco.

Coloca todos los ingredientes en una **batidora de vaso**, ciérrala y sujeta la tapa con la mano y un **paño de cocina**. Tritura los ingredientes hasta que la mezcla quede fina, aproximadamente 1 minuto. Apaga la batidora y vierte el smoothie en un **vaso**. Sírvelo.

SMOOTHIE DE TARTA DE ZANAHORIA

En lugar de los ingredientes del Smoothie verde tropical, usa estos: 1 plátano pelado, 4 cubitos de hielo, 2 zanahorias peladas en trozos de dos dedos de grosor, 180 ml (¾ de taza) de leche, 1 cucharadita de extracto de vainilla y ½ cucharadita de canela molida. Para preparar un smoothie vegano, sustituye la leche por la bebida vegetal que más te guste.

¿SABÍAS QUE...?

La experta en *raw food* (dieta cruda) Victoria Boutenko fue quien inventó los smoothies verdes. Tenía la teoría de que los nutrientes de las verduras se absorbían mejor en estado líquido, pero había un problema: las espinacas o el kale licuados sabían fatal. Buscó inspiración en la naturaleza y la encontró en un libro de la primatóloga Jane Goodall. Leyó que los chimpancés comían a veces la fruta enrollada en hojas. Si los chimpancés lo hacían, ¿por qué no los humanos? Victoria añadió unos plátanos al kale licuado y así es como nacieron los smoothies verdes tal y como los conocemos.

PLATOS
PRINCIPALES

BOL DE POLLO CON VERDURAS

PARA 1 PERSONA

Los boles son una forma divertida (¡y deliciosa!) de dar rienda suelta a tu creatividad en la cocina. Para preparar esta receta, usa las sobras de pollo y arroz que tengas en casa. Echa mano de todo lo que encuentres en el frigorífico, la despensa, el congelador o el huerto, y deja volar tu imaginación mezclando diferentes verduras y aliños.

INGREDIENTES

1 zanahoria pelada

190 g (1 taza) de arroz cocido (p. 114)

1 pechuga de pollo al horno (p. 70) en trozos

1-2 pepinos baby en rodajas

½ aguacate mediano en rodajas (p. 14)

2-3 cdas. de Aliño de soja y tahini*

1 cda. de semillas de sésamo

1. Coloca la zanahoria sobre una tabla de cortar. Utiliza un **pelador de verduras** o una **mandolina** para crear cintas. Hazlo hasta que esté demasiado fina como para seguir. Reserva las cintas y disfruta de lo que queda de la zanahoria como snack.
2. En un **bol mediano**, forma una base con el arroz. Añade el pollo, la zanahoria, el pepino y el aguacate encima.
3. Rocía el aliño de soja y tahini sobre el bol con una **cuchara**. Esparce unas semillas de sésamo por encima y sírvelo.

*** Aliño de soja y tahini**
Mezcla 2 cucharadas de tahini y 1 de salsa de soja, de mayonesa, de agua y de vinagre de arroz en un tarro. Ciérralo y agítalo bien. ¡Listo!

BOL DE ENSALADA TEX-MEX

En lugar de arroz, forma la base con lechuga romana picada. Añade 210 g (½ taza) de ternera picada cocida, 35 g (¼ de taza) de maíz cocido y 45 g (¼ de taza) de tomate picados. Rocíalo con 2 o 3 cucharadas de salsa por encima y añade tanto queso rallado, cilantro picado y rábanos encurtidos como quieras.

BOL DE SALMÓN Y ARROZ

Añade 70 g (½ taza) de salmón en dados y 45 g (½ taza) de pak choi cocido sobre una base de arroz. En un bol pequeño, remueve con una cuchara 55 g (¼ de taza) de mayonesa, ¼ de cucharadita de sriracha y 1 cucharada de zumo de limón (p. 15) hasta que se mezclen. Rocía el bol con la mayonesa de sriracha y, para terminar, esparce por encima 1 cucharada de semillas de sésamo y 1 de cebolleta.

PARA 4 PERSONAS

PECHUGAS DE POLLO AL HORNO

INGREDIENTES

1 cda. de sal gruesa

1 cdta. de azúcar moreno

¼ de cdta. de pimienta

4 pechugas de pollo deshuesadas y sin piel

4 cdtas. de aceite de oliva

En esta receta te desvelamos el secreto para que la pechuga al horno no quede seca: cocerla sin precalentar el horno. A medida que el horno se caliente, el pollo se irá cocinando poco a poco y quedará jugosito. Esparcir un poco de azúcar sobre las pechugas ayuda a que se doren sin aportarles un toque dulce.

1. Coloca una **rejilla** en la parte central del horno, pero no lo enciendas. Forra una **bandeja de horno** con **papel de aluminio**.
2. En un **bol pequeño**, mezcla la sal, el azúcar moreno y la pimienta con una **cuchara**.
3. Seca las pechugas de pollo dándoles palmaditas con **papel de cocina**, colócalas en la bandeja de horno forrada con papel de aluminio y rocía cada una con 1 cucharadita de aceite. Usa las manos para untar ambos lados de la pechuga con aceite.
4. Sazona ambos lados de cada pechuga con la mezcla de sal, usando ½ cucharadita en cada lado. Frota y da golpecitos a la pechuga para que se distribuya bien. Lávate las manos.
5. Introduce la bandeja en el horno frío. Ajusta la temperatura a 230 °C (450 °F) y pon en marcha el temporizador. Asa el pollo hasta que esté cocinado y se empiece a dorar por debajo, unos 30 minutos.
6. !! Saca la bandeja del horno con los **guantes de horno** y colócala sobre una superficie resistente al calor o una **rejilla** para que se enfríe. Comprueba la temperatura del pollo con un **termómetro de cocina** (p. 17): asegúrate de que la parte más gruesa de cada pieza indica, como mínimo, 75 °C (165 °F). Si no es así, vuelve a introducirlo en el horno de 3 a 5 minutos más, o hasta que la temperatura interna alcance los 75 °C (165 °F). Deja que las pechugas se enfríen ligeramente, unos 5 minutos. Sírvelas.

CONTINÚA

PECHUGAS DE POLLO AL HORNO (CONTINÚA)

PECHUGAS DE POLLO AL HORNO CON LIMÓN Y PIMIENTA

En el paso 2, añade 1 cucharadita de ralladura de limón (p. 15) al bol con la sal y el azúcar y aumenta la cantidad de pimienta a ½ cucharadita.

PECHUGAS DE POLLO AL HORNO CON CAYENA Y LIMA

En el paso 2, añade 1 cucharadita de ralladura de lima (p. 15) y ½ cucharadita de cayena al bol con la sal, el azúcar y la pimienta.

PECHUGAS DE POLLO AL HORNO CON AJO Y HIERBAS AROMÁTICAS

En el paso 2, añade 1 cucharadita de hierbas provenzales y ½ cucharadita de ajo en polvo al bol con la sal, el azúcar y la pimienta.

PECHUGAS DE POLLO AL HORNO DULCES AHUMADAS

En el paso 2, añade ½ cucharadita de pimentón ahumado y ⅛ de cucharadita de canela molida al bol con la sal, el azúcar y la pimienta.

¿SABÍAS QUE...?

En 1923 la granjera Cecile Long Steele, que criaba gallinas para vender los huevos, compró 50 pollitos. Pero hubo un error y ¡le llegaron 500! Tenía tantos pollitos que decidió criarlos para vender su carne. En tres años tenía 10 000 pollos. A ella se le atribuye el inicio de las granjas de pollos en el estado de Delaware (Estados Unidos).

CONOCE A LA CHEF PRIYA KRISHNA

Cuando Priya era muy pequeña, hacía los deberes en la cocina y observaba a su madre preparar platos indios. Todavía recuerda el olor de las semillas de comino tostándose en el *ghee* mientras su madre las removía. Más de una vez, su ropa y libros acabaron manchados de cúrcuma.

Hoy es periodista gastronómica para *The New York Times* y autora de varios libros de cocina, entre ellos *Indian-ish* y *Cocinando en casa*. Su último libro, *Priya's Kitchen Adventures*, es para niños. Priya cocina platos de todo el mundo, pero sobre todo de la India, de donde es su familia. Le encantan los platos que parecen requerir mucho tiempo y esfuerzo pero en realidad se preparan enseguida.

¿De qué se siente más orgullosa? «De intentar cada día que nuestra forma de cocinar y lo que cocinamos incluya a todas las culturas que viven en Estados Unidos».

Priya siempre pensó que le costaría aprender a cocinar porque es zurda. ¡Pero eso no es verdad! «Ser zurda no te impedirá manejarte en la cocina», asegura.

PIZZA DE ROTI CON SETAS Y QUESO

PARA 2 PERSONAS

«Esta receta era la respuesta de mi madre a las súplicas de mi hermana y mías de cenar pizza. Los *roti* funcionan genial como masa de pizza porque son crujientes y no absorben el líquido de los ingredientes. Esta versión con setas y queso está riquísima, pero la puedes personalizar a tu gusto. Encontrarás *roti* en las tiendas de alimentación indias o asiáticas, quizás incluso en el supermercado, pero si no es así puedes sustituirlos por tortillas integrales o cualquier otro tipo de pan redondo». —Priya Krishna

INGREDIENTES

2 cdas. de aceite de oliva, y un poco más para rociar

2 dientes de ajo pelados y picados o aplastados (p. 13)

1 cebolla amarilla pequeña pelada en rodajas finas (p. 11)

340 g (12 oz) de una mezcla de setas (shiitake, de ostra o baby bella, por ejemplo) en trozos pequeños

½ cdta. de sal gruesa

Pimienta

¼ de cdta. de hojas de tomillo fresco (opcional)

¼ de cdta. de copos de guindilla (opcional)

1 cda. de zumo de limón (p. 15)

4 panes *roti* (de 17 cm [7 in]) o tortillas integrales grandes

120 g (4 oz) de queso de cabra desmenuzado o fontina, gruyer o provolone rallados (p. 16).

1. Coloca una **rejilla** en la parte central del horno y caliéntalo a 200 °C (400 °F).
2. En una **sartén grande**, calienta el aceite de oliva a fuego medio hasta que esté caliente pero no humee (p. 17), aproximadamente 1 minuto. Añade el ajo y la cebolla y saltéalos, removiéndolos de vez en cuando con una **cuchara de madera**, hasta que la cebolla se ablande y esté casi transparente, de 4 a 6 minutos.
3. Agrega las setas, la sal, un poco de pimienta, el tomillo y los copos de guindilla (si decides usarlos). Remuévelo bien y cocina, removiéndolo de vez en cuando, hasta que las setas se ablanden y se doren por debajo, unos 10 minutos. Apaga el fuego e incorpora el zumo de limón.
4. Pincha los *roti* varias veces con un tenedor. (Este paso no es necesario si usas tortillas.) Colócalos en una sola capa sobre una **rejilla para pizzas** o una **bandeja con una rejilla encima**.
5. Rocía los *roti* con aceite de oliva y repártelo con las manos por toda la superficie.
6. !! Introdúcelos en el horno hasta que se doren ligeramente, de 5 a 7 minutos. Saca la bandeja del horno con los **guantes de horno** puestos y colócala sobre una superficie resistente al calor o una **rejilla** para que se enfríe. ¡No apagues el horno!

PIZZA DE ROTI CON SETAS Y QUESO (CONTINÚA)

7 Rocía los *roti* con un poco más de aceite de oliva y repártelo por toda la superficie con un **pincel de repostería** (¡ten cuidado!, la bandeja seguirá caliente).

8 Cubre los *roti* con una capa uniforme de la mezcla de setas y el queso. Ponte los guantes de horno y vuelve a introducir la bandeja en el horno hasta que el queso de cabra se derrita un poco (no se derretirá del todo) o el fontina, el gruyer o el provolone se derritan y burbujeen, de 4 a 6 minutos.

!! 9 Saca la bandeja del horno y colócala sobre una superficie resistente al calor o una rejilla para que se enfríe. Pasa las pizzas a una **tabla de cortar** y, con un **cuchillo de chef** o un **cortapizzas**, córtalas en cuartos. Rocíalas con un poco más de aceite de oliva y sírvelas.

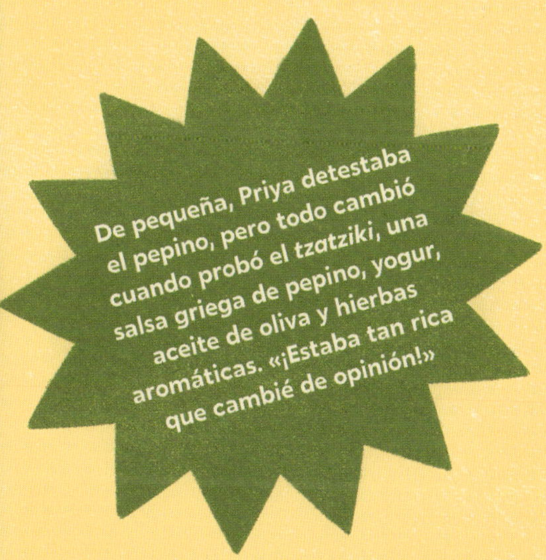

TOSTADAS DE ALUBIAS Y QUESO

PARA 2 UNIDADES

Las tostadas de maíz son tortillas que se fríen para tener una textura crujiente (una especie de nacho gigante). ¡Búscalas en las tiendas de alimentación latinas o en internet! Si quieres ganar tiempo, compra frijoles refritos y usa 120 g (½ taza). ¡Ya están aplastados! Prueba a añadir a tus tostadas lo que más te gusta encontrar en los tacos: rodajas de jalapeño encurtido, rábano en rodajas finas, cilantro o aguacate picados... Si no tienes un horno de sobremesa, prepara las tostadas en el horno: caliéntalo a 200 °C (400 °F), con calor por arriba, y, en el paso 4, tuéstalas durante 4 o 5 minutos.

INGREDIENTES

- 75 g (½ taza) de alubias negras, rojas o pintas cocidas escurridas y lavadas
- 1 cda. de agua
- ¼ de cdta. de comino molido
- ¼ de cdta. de ajo en polvo
- 1 pizca de sal
- 1 pizca de cayena (opcional)
- 2 tostadas o tortillas de maíz
- 30 g (¼ de taza) de queso cheddar rallado (p. 16)
- 65 g (¼ de taza) de salsa mexicana*
- 2 cdas. de crema agria

1. Coloca la **rejilla** del horno de sobremesa en la parte central y caliéntalo a 180 °C (350 °F). Forra una **bandeja de horno pequeña** (o la **bandeja del horno de sobremesa**) con **papel de aluminio**.
2. En un **bol mediano**, mezcla las alubias, el agua, el comino, el ajo en polvo, la sal y la cayena (si decides usarla). Aplasta las alubias con un **tenedor** hasta que casi se deshagan y remuévelas hasta que las especias se mezclen.
3. Coloca las tostadas en la bandeja de horno preparada. Con una **cuchara**, reparte la mitad de la mezcla de alubias en cada tostada formando una capa uniforme y, a continuación, reparte la mitad del queso en cada una.
4. Introduce la bandeja en el horno hasta que el queso se derrita y las alubias estén calientes, de 5 a 7 minutos.
5.  Saca la bandeja con los **guantes de horno** y colócala sobre una **rejilla** para que se enfríe. Con la **espátula**, pasa las tostadas a un plato y, para terminar, añade 2 cucharadas de salsa y 1 de crema agria en cada tostada. Sírvelas calientes.

* También conocida como salsa roja, la **salsa mexicana** lleva guindillas, tomate, aceite, cebolla, cilantro, ajo y sal. ¡Así que es muy picante!

REBELDES EN LA COCINA

Sabina Bandera es famosa en el mundo entero por sus increíbles tostadas. Cuando tenía 21 años viajó a Ensenada (México) durante su luna de miel y le gustó tanto que se quedó a vivir ahí. Primero tuvo un puesto de comida callejera y, con el tiempo, ¡abrió su propio restaurante!

PARA 4 PERSONAS

PICADILLO
(CARNE PICADA CON TOMATE Y ACEITUNAS)

INGREDIENTES

2 chayotes en dados o 225 g (8 oz) de patatas pequeñas en cuartos

1 tomate mediano en cuartos

40 g (1 taza) de cilantro fresco picado grueso, y 10 g (¼ de taza) de hojas de cilantro más para servir, medidos por separado (p. 10)

1 cebolla pequeña pelada en cuartos (p. 11)

3 dientes de ajo pelados (p. 13)

2 cdas. de aceite de oliva virgen extra

450 g (1 lb) de carne de ternera picada

2½ cdtas. de sazón (p. 17)

2 cdtas. de vinagre de vino blanco

120 ml (½ taza) de caldo de pollo

2 cdas. de aceitunas verdes sin hueso (opcional)

Sal y pimienta

El picadillo es un plato de carne picada, por lo general con tomates y aceitunas, que tiene muchas versiones en toda América Latina y el Caribe. Aquí se usa chayote, una calabaza verde pequeña y alargada originaria de México (quizás lo encuentres en la sección de frutas y verduras del supermercado o en tiendas de alimentación asiáticas o caribeñas). Si prefieres usar patatas, que sean pequeñas, de esas que se llaman «baby» o «nuevas». El sazón es una mezcla de especias muy popular en América Latina (lo puedes comprar en la sección de especias del supermercado, en tiendas de alimentación latinas o en internet). Para que esta receta sea vegana, sustituye el caldo de pollo por uno de verduras y usa carne picada vegana. Sirve el picadillo con arroz blanco (p. 114) y ¡Maduros al horno! (p. 49).

!! 1 Coloca el chayote sobre una **tabla de cortar**. Con un **cuchillo de chef**, córtalo alrededor de la semilla para obtener 4 trozos grandes y deséchala. Coloca los trozos en la tabla de cortar, con la parte plana hacia abajo, y córtalos a lo largo en tiras de un dedo de grosor. Gira las tiras y córtalas por la parte más corta en trozos de un dedo de grosor. Resérvalos.

2 Coloca el tomate, el cilantro, la cebolla y el ajo en un **procesador de alimentos** y ciérralo bien. Procésalo 1 segundo y para. Repite la operación hasta que todo esté picado grueso, de 12 a 14 veces. Retira la tapa y, con mucho cuidado, saca la cuchilla del procesador.

!! 3 En una **sartén grande**, calienta el aceite a fuego medio-vivo hasta que esté caliente pero no humee (p. 17), unos 2 minutos. Toma la sartén por el mango y muévela con cuidado para que el aceite cubra la base de forma uniforme. Vuelve a poner la sartén en el fuego.

4 Añade la carne picada y fríela, deshaciéndola en trozos pequeños con una **cuchara de madera**, hasta que deje de estar rosa y se empiece a dorar, unos 5 minutos.

5 Agrega el sazón y el vinagre y remuévelo bien. Fríelo 1 minuto y baja el fuego a medio.

6 Añade la mezcla de tomate picado y fríelo, removiéndolo de vez en cuando, 3 o 4 minutos.

7 Incorpora el caldo, el chayote y las aceitunas (si decides usarlas) y remuévelo bien. Cuécelo, removiéndolo de vez en cuando, hasta que el chayote esté tierno al pincharlo con un tenedor y el líquido casi se haya evaporado del todo, de 20 a 25 minutos. Apaga el fuego.

8 Sazónalo al gusto con sal y pimienta (p. 17). Esparce las hojas de cilantro por encima y sírvelo.

TÚ ERES LA CHEF

«Estaba increíble y con una textura genial. Me gustó mucho. Es perfecto para una comida familiar». –Goldie, 11 años

PARA 4 PERSONAS

«SOUVLAKI» DE POLLO

INGREDIENTES

1 litro (4 tazas) de agua fría, y un poco más para remojar las brochetas

2 cdas. de sal

900 g (2 lb) de pechugas de pollo deshuesadas y sin piel

60 ml (¼ de taza) de aceite de oliva virgen extra

La ralladura y el zumo de 1 limón (p. 15)

1 cda. de orégano seco

2 dientes de ajo pelados y picados (p. 13)

1 cdta. de miel

½ cdta. de pimienta

Aceite vegetal en spray

El *souvlaki*, unas brochetas de carne o verduras asadas a la parrilla, es una especialidad griega. Para que no quede seca, dejaremos la carne en remojo en una salmuera (una mezcla de agua y sal) antes de cocinarla. La receta se prepara con la función grill del horno, que alcanza temperaturas muy elevadas y es mucho más segura y fácil que usar que una parrilla. Sírvelo con pan de pita y *Tzatziki* (p. 85) o acompañado de arroz y una ensalada.

1. En un **bol grande**, mezcla el agua y la sal con unas **varillas** hasta que la sal se disuelva para hacer la salmuera (hará que el pollo no se seque durante la cocción).

2. Coloca el pollo en una **tabla de cortar** y, con un **cuchillo de chef**, corta las pechugas a lo largo en 3 o 4 tiras, de unos dos dedos de grosor cada una. Después, córtalas a lo ancho para obtener dados de carne.

3. Añade el pollo al bol con la salmuera. Lávate las manos. Cubre el bol con **film transparente** y refrigéralo entre 30 minutos y 1 hora. (Si pasa más de 1 hora, quedará demasiado salado.)

4. Mientras, coloca seis **brochetas de madera largas** en una **bandeja** o **fuente de horno** en la que quepan. Añade agua hasta cubrirlas y déjalas en remojo al menos 15 minutos. (Si tienes brochetas de metal, puedes omitir este paso.)

5. En un **bol mediano**, mezcla el aceite, la ralladura de limón, el zumo de limón, el orégano, el ajo, la miel y la pimienta con las varillas. (También puedes aprovechar para preparar tu *Tzatziki* [p. 85].)

6. Cuando el pollo esté listo, coloca la **rejilla** en la parte superior del horno, a unos 10-15 cm (4-6 in) de la resistencia, y pon la función grill a la máxima potencia. Forra una **bandeja de horno** con **papel de aluminio**, luego, coloca otra **rejilla** encima y pulveriza aceite vegetal en spray para engrasarla bien.

CONTINÚA

«SOUVLAKI» DE POLLO (CONTINÚA)

7 Saca el bol con el pollo en salmuera del frigorífico. Forra un **plato grande** con **papel de cocina**. Saca el pollo de la salmuera con las manos y pásalo al plato. Desecha la salmuera. Seca las pechugas dándoles palmaditas con más papel de cocina.

8 Pasa el pollo al bol con la mezcla de aceite y limón y frótalo con las manos para que se impregne bien.

9 Inserta los trozos de pollo en las brochetas, intentando que todas tengan el mismo número de trozos, y colócalas en la rejilla previamente engrasada que has colocado sobre la bandeja de horno. (No las juntes demasiado entre sí, solo se deben tocar ligeramente. Si los trozos de pollo que tienes son finos y alargados, dóblalos por la mitad antes de insertarlos; así se cocinarán de forma más uniforme.) Lávate las manos.

10 Introduce la bandeja en el horno y gratina el pollo hasta que empiecen a aparecer puntitos chamuscados (negros), de 4 a 7 minutos. (Este es un buen momento para encender la campana extractora, si tienes.)

!! 11 Saca la bandeja del horno con los **guantes de horno** y colócala sobre una superficie resistente al calor o una **rejilla** para que se enfríe (la bandeja estará muy caliente y en la base se habrá acumulado algo de líquido, ¡ten cuidado de no mancharte!). Dale la vuelta a las brochetas con unas **pinzas**.

12 Vuelve a introducir la bandeja en el horno hasta que las brochetas se empiecen a chamuscar por el otro lado, de 4 a 7 minutos.

13 Saca la bandeja del horno con los guantes de horno y colócala sobre una superficie resistente al calor o una rejilla para que se enfríe (¡ten cuidado!, estará muy caliente). Comprueba la temperatura del pollo con un **termómetro de cocina** (p. 17): asegúrate de que indica, como mínimo, 75 °C (165 °F). Si no es así, hornéalo de 3 a 5 minutos más, o hasta que la temperatura interna alcance los 75 °C (165 °F). Sirve las brochetas.

TZATZIKI

1. Pela el pepino con un **pelador de verduras**. Cubre una **tabla de cortar** con un **paño de cocina** limpio y coloca encima un **rallador de caja**. Ralla el pepino pelado sobre el paño. Detente cuando tus dedos se acerquen al rallador. Desecha el extremo del pepino.
2. Sazona el pepino rallado con sal y déjalo reposar 10 minutos.
3. Mientras, mezcla el yogur, el aceite, el vinagre, el ajo, la pimienta y la menta o el eneldo (si decides usarlos) en un **bol mediano**.
4. Envuelve el pepino rallado en el paño y, encima del fregadero, retuércelo y apriétalo con fuerza para escurrir tanto líquido como puedas.
5. Pasa el pepino escurrido al bol con el yogur. Remuévelo con una **cuchara** para que se mezcle bien. Pruébalo y, si quieres, sazónalo con un poco más de sal (p. 17). Cubre el bol y refrigéralo durante al menos 10 minutos. Sírvelo. (Se conservará hasta 2 días en un recipiente hermético en el frigorífico.)

INGREDIENTES

½ pepino holandés o 2 pepinos pequeños sin semillas

½ cdta. de sal

240 g (1 taza) de yogur griego natural

1 cda. de aceite de oliva virgen extra

1½ cdtas. de vinagre de vino tinto

1 diente de ajo pequeño pelado y picado (p. 13)

¼ de cdta. de pimienta

2 cdas. de menta o eneldo frescos picados (p. 10, opcional)

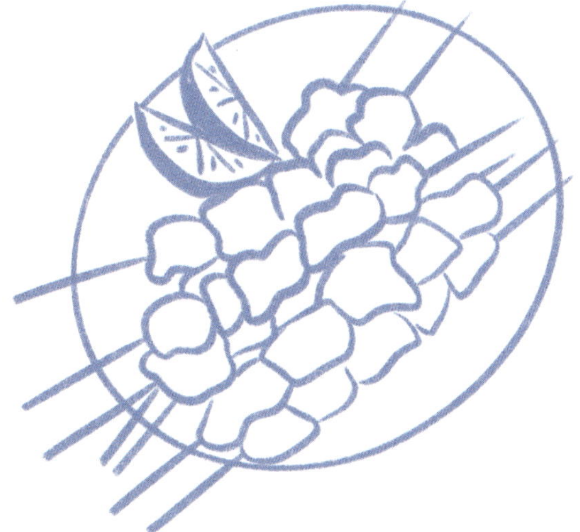

¿SABÍAS QUE...?

En Grecia el *souvlaki* se come desde el año 2000 a.C. La Rebelde Safo, una poeta muy famosa, vivió en torno al año 600 a.C. y quién sabe si estaría degustando este delicioso plato mientras componía sus maravillosas odas.

CONOCE A LA CHEF ANDI OLIVER

Algunos de los primeros recuerdos de Andi giran en torno a la comida y la familia. Recuerda preparar las cenas de los domingos con su madre y su padre en Suffolk (Inglaterra) y sentarse después a la mesa juntos para compartir esos momentos tan especiales.

Describe sus platos como alimento «para la familia, para las celebraciones y para nutrir el corazón y el alma». Ha tenido varios restaurantes y presentado programas de cocina y, en ambas facetas, ha demostrado su aprecio por las gastronomías de todo el mundo. Durante su juventud viajó mucho. Siempre le ha gustado descubrir nuevos sabores allá donde va. El *roti* y el curry, por ejemplo, le recuerdan a su primera visita al Caribe, cuando tenía 16 años.

Andi está muy orgullosa de su libro de recetas, *The Pepperpot Diaries*, y le gustaría que las jóvenes chefs no olviden que cometer errores es muy importante. Y es que a ella sus errores la ayudaron a entender mejor la cocina… ¡e incluso hoy en día le sirven de fuente de inspiración para nuevas recetas!

A Andi no le gustaba el tofu hasta que lo probó como lo preparan en Japón. El *agedashi tofu*, que se fríe hasta que está crujiente y dorado, le encantó.

Con quien más le gusta cocinar a Andi es con su mejor amiga, Neneh. ¡Hasta hicieron un programa de cocina juntas!

ALITAS DE POLLO CON MIEL

PARA 3-4 PERSONAS

«En mi familia, estas alitas son un éxito seguro. Cómelas cuando estés feliz o cuando estés triste... pero ¡cómelas! Están deliciosas y son muy sencillas». —Andi Oliver

1 Coloca una **rejilla** en la parte central del horno y caliéntalo a 180 °C (350 °F).

2 Añade la cebolla, el ajo y el aceite en una **batidora de vaso**, ciérrala y sujeta la tapa con la mano y un **paño de cocina** doblado. Tritúralo hasta que la mezcla quede fina, unos 30 segundos, y apágala.

3 Vierte la mezcla en un **bol grande**. Añádele el zumo de limón, la guindilla (si decides usarla), el *garam masala*, el pimentón ahumado y la sal. Remuévelo bien con una **cuchara**.

4 Incorpora las alitas al bol con la mezcla de cebolla y frótalas con las manos para impregnarlas bien. Pásalas a una **fuente de horno mediana** y rebaña también lo que sobre de la marinada. Repártelas para formar una capa uniforme. Lávate las manos.

!! 5 Introduce la fuente en el horno durante 40 minutos. Saca la fuente con los **guantes de horno** y colócala sobre una superficie resistente al calor o una **rejilla** para que se enfríe. Dale la vuelta a las alitas con unas **pinzas** (¡ten cuidado!, la fuente de horno estará muy caliente). Vuele a introducirla en el horno 30 minutos más o hasta que las alitas se doren.

6 Saca la fuente del horno con los guantes de horno y colócala sobre una superficie resistente al calor o una rejilla para que se enfríe. Rocía la miel sobre las alitas. Vuele a introducir la fuente en el horno hasta que las alitas estén pegajosas, de 10 a 15 minutos.

7 Saca la fuente del horno con los guantes de horno y colócala sobre una superficie resistente al calor o una rejilla para que se enfríe. Deja que las alitas se enfríen unos 5 minutos y sírvelas con arroz o con una ensalada, o solas.

INGREDIENTES

1 cebolla mediana pelada y picada gruesa (p. 11)

4 dientes de ajo pelados (p. 13)

1 cda. de aceite de oliva

El zumo de ½ limón (p. 15)

1 guindilla ojo de pájaro picada fina (p. 12, opcional)

3 cdas. de *garam masala*

1 cda. de pimentón ahumado

1 pizca generosa de sal

900 g (2 lb) de alitas de pollo (sin punta)

175 ml (¾ de taza) de miel

PARA 4-6 PERSONAS

PIZZA DE LA ABUELA

INGREDIENTES

2 cdas. de aceite de oliva virgen extra

450 g (1 lb) de masa de pizza comprada

1 lata de 400 g (14,5 oz) de tomate triturado

1 diente de ajo pelado y picado (p. 13)

1 cdta. de orégano seco

½ cdta. de ajo en polvo

½ cdta. de vinagre de vino tinto

½ cdta. de sal

¼ de cdta. de pimienta

220 g (2 tazas) de mozzarella rallada (p. 16)

50 g (½ taza) de parmesano rallado (p. 16)

10 g (¼ de taza) de hojas de albahaca fresca picadas (p. 10, opcional)

Quizás te sorprenda el orden en el que se añaden el queso y la salsa de tomate en esta pizza, ya que no se suele hacer así. Se dice que la inventaron los hijos de los migrantes italianos de Long Island (Estados Unidos). Antes de preparar la receta, asegúrate de que la masa está a temperatura ambiente; si no, te resultará muy difícil estirarla.

1. Vierte el aceite en una **bandeja de horno** y repártelo con las manos para que cubra toda la bandeja.
2. Pon la masa en la bandeja y dale la vuelta para que se impregne bien de aceite. Con cuidado, estírala con las manos. Llévala hacia las esquinas de la bandeja, pero sin romperla. No pasa nada si se encoge después de que la estires, es normal.
3. Cubre la bandeja con **film transparente** y deja la masa a temperatura ambiente hasta que se formen burbujas y se hinche, de 30 a 40 minutos.
4. Mientras la masa sube, coloca una **rejilla** en la parte central del horno y caliéntalo a 230 °C (450 °F).
5. En un **bol mediano**, mezcla el tomate triturado, el ajo, el orégano, el ajo en polvo, el vinagre, la sal y la pimienta. Remuévelo con una **cuchara grande**.
6. Cuando la masa esté lista, retira el film transparente. Dale golpecitos y estírala de nuevo hasta las esquinas de la bandeja. (Si se sigue encogiendo, vuelve a cubrirla con film transparente y déjala reposar otros 10 minutos antes de volver a intentarlo.)
7. Esparce la mozzarella y el parmesano sobre la masa y, con una cuchara grande, vierte la salsa de tomate encima.
8. Introduce la bandeja en el horno hasta que el queso se dore y la salsa burbujee, de 15 a 18 minutos.
9. !! Saca la bandeja del horno con los **guantes de horno** y colócala sobre una superficie resistente al calor o una **rejilla** para que se enfríe 5 minutos. Esparce la albahaca por encima (si la usas).
10. !! Separa la pizza de la bandeja con una **espátula** y pásala a una **tabla de cortar** (¡ten cuidado!, la bandeja estará caliente). Corta la pizza en cuadrados con un **cortapizzas** o **cuchillo de chef** y sírvela.

PASTA CON LA SALSA DE TOMATE DE MARCELLA HAZAN

PARA 4-6 PERSONAS

Como esta receta lleva muy pocos ingredientes, es fundamental que los tomates sean buenos para obtener un sabor y una textura excepcionales. Los tomates italianos de la variedad San Marzano son muy apreciados; intenta comprar tomates enteros de lata de marcas italianas, como Gustarosso, Alessi, Bianco DiNapoli, Pastene o Cento. En Estados Unidos, San Merican y Muir Glen usan tomates similares a los San Marzano, y también son buenas opciones.

ingredientes

Salsa de tomate

1 lata de 800 g (28 oz) de tomate entero pelado (véase intro receta), con su jugo

1 cebolla mediana pelada y cortada por la mitad (p. 11)

5 cdas. de mantequilla sin sal en 8 trozos

⅛ de cdta. de sal

½-1 cdta. de azúcar (opcional)

Pasta

4 l (1 galón) de agua

1 cda. de sal

450 g (1 lb) de pasta (cualquiera sirve)

1 cda. de aceite de oliva virgen extra

Queso parmesano rallado (p. 16, opcional)

Albahaca o perejil frescos picados (p. 10, opcional)

1. **Para la salsa,** mezcla los tomates y su jugo, las mitades de cebolla, la mantequilla y la sal en una **cazuela grande**.
2. Calienta la cazuela a fuego medio y cuécela, removiéndola de vez en cuando con una **cuchara de madera,** hasta que la mantequilla se derrita y la mezcla rompa a hervir (se formarán burbujitas por toda la superficie), de 6 a 8 minutos.
3. Vierte una cucharada de salsa en un **bol pequeño** y deja que se enfríe un poco. Pruébala. Si la quieres más dulce, añade el azúcar. Agrega ½ cucharadita cada vez y pruébala para ver qué te parece. (Añadir azúcar no hará que sepa dulce, su función es compensar la acidez del tomate.)
4. Baja el fuego a medio-bajo y deja que cueza despacio. Remuévela de vez en cuando y rompe y aplasta los tomates con la cuchara hasta que la salsa espese, unos 45 minutos.
5. **Para la pasta,** vierte el agua en una **olla grande**. Pon la olla en el fuego y llévala a ebullición a fuego vivo.
6. Sala el agua y añade la pasta con cuidado. Cuécela al dente, removiéndola de vez en cuando con una **cuchara de madera limpia**, hasta que haya transcurrido el tiempo de cocción indicado en el paquete. Apaga el fuego.
7. !! Coloca un **colador** en el fregadero y pide a un adulto que escurra la pasta.

CONTINÚA

PASTA CON LA SALSA DE TOMATE DE MARCELLA HAZAN

(CONTINÚA)

!! **8** Añade el aceite en la olla vacía, agrega la pasta escurrida y remuévela con la cuchara de madera para que se impregne bien. (Si usas pasta larga, como espaguetis, te resultará más fácil hacerlo con **pinzas**.) Tapa la olla para que se mantenga caliente.

9 Cuando la salsa esté lista, apaga el fuego y retira la cazuela. Saca las mitades de cebolla con unas pinzas (las puedes desechar o dejar que se enfríen y comértelas de aperitivo. ¡Para eso eres la chef!). Con cuidado, aplasta los trozos grandes de tomate que queden con un **prensa patatas** hasta que se deshagan (la salsa y la cazuela estarán calientes, ¡ten cuidado con las salpicaduras!). Prueba la salsa y, si quieres, sazónala con un poco más de sal (p. 17).

10 Reparte la pasta en **boles** con unas pinzas (si es larga) o una **cuchara grande** (si es corta). Vierte la salsa y esparce un poco de queso parmesano rallado o albahaca por encima (si decides usarlos). *Buon appetito!*

¿SABÍAS QUE...?

Marcella Hazan fue una escritora y profesora de cocina pionera que, allá por la década de 1960, descubrió a los estadounidenses la auténtica cocina italiana a través de sus clases y libros de cocina. Esta es una de sus recetas más emblemáticas, quizás porque es muy sencilla y está riquísima.

CENTO
WHOLE
PEELED
NET WT 28 OZ
ANCO
ORGANIC
Vine Ripened California Grown
Crushed Tomatoes in Puree
USDA
ORGANIC
APOLI
(1 LB 12 OZ) 794g

PESTO DE ALBAHACA

PARA UNOS 175 ML (3/4 DE TAZA). LO SUFICIENTE PARA 450 G (1 LIBRA) DE PASTA

INGREDIENTES

100 g (2 tazas) de hojas de albahaca fresca

35 g (¼ de taza) de piñones, nueces o almendras

1 diente de ajo pelado y picado (p. 13)

¼ de cdta. de sal

120 ml (½ taza) de aceite de oliva virgen extra

25 g (¼ de taza) de parmesano rallado (p. 16)

Separa las hojas de albahaca de los tallos hasta obtener 100 g (2 tazas). Para que esta receta sea vegana, omite el queso parmesano y usa 70 g (½ taza) de piñones. Si no puedes comer piñones, sustitúyelos por pipas de girasol o de calabaza. Puedes servir el pesto con pasta (sigue los pasos 5 a 7 de la página 93), untarlo en pan para preparar un sándwich o usarlo como salsa con un pollo (p. 70), un pescado o unas verduras asadas.

1. Añade la albahaca, los piñones, el ajo y la sal en el vaso de un **procesador de alimentos** y ciérralo bien. Procésalo 1 segundo y para. Repite la operación hasta que todo esté bien picado, unas 12 veces.

2. Retira la tapa y rebaña las paredes del vaso con una **espátula de silicona**. Ciérralo de nuevo.

3. Enciende el procesador y, mientras está en marcha, incorpora despacio el aceite a través del tubo de alimentación. Procésalo hasta que la salsa quede fina, unos 30 segundos, y detenlo.

4. !! Retira la tapa y, con mucho cuidado, saca la cuchilla del procesador. Con la espátula de silicona, rebaña el pesto, pásalo a un **bol pequeño** e incorpora el queso parmesano. Pruébalo y, si quieres, sazónalo con un poco más de sal (p. 17). Sírvelo o pásalo a un recipiente hermético y rocíalo con un poco más de aceite (así el pesto no se oxidará). Se conservará hasta 4 días en el frigorífico.

¿TE ATREVES CON UNA VERSIÓN MÁS ORIGINAL?

Sustituye la mitad de la albahaca por otro ingrediente verde, como perejil, kale, espinacas o rúcula babies. ¡Incluso puedes preparar un pesto con las hojas de las verduras que ibas a tirar (o tirar al compost)! Prueba a hacerlo con hojas de zanahoria, rábano o remolacha para potenciar su sabor y reducir el desperdicio de alimentos.

¿SABÍAS QUE...?

El pesto de albahaca se creó en la región italiana de Liguria en el siglo XIX. Liguria también fue cuna de Rebeldes como Maria Pellegrina Amoretti, la primera mujer licenciada en Derecho por una universidad italiana, e Irene Brin, una periodista de moda que, durante la Segunda Guerra Mundial, mostró abiertamente su rechazo a los nazis.

CONOCE A LA CHEF HETTY LUI MCKINNON

Cuando Hetty enfermaba de niña, su madre le preparaba arroz frito con jengibre. Desde la cama, Hetty oía el sonido de la espátula contra el wok y, al instante, el reconfortante aroma del jengibre por toda la casa. Era su receta especial para curarla y lograr que se recuperase. ¡Incluso le llevó un poco al hospital cuando tuvo su primer bebé!

Hetty está acostumbrada a mandar en la cocina pero, cuando cocina con su madre, sigue siendo la *sous chef* (segunda de cocina). Le encanta escuchar sus consejos y se sigue emocionando con sus historias sobre su vida en China antes de que se mudaran a Australia.

Hetty escribe libros de cocina vegetariana y describe sus recetas como «una celebración de mis raíces chinas con una pizca de la influencia de mi infancia en Australia y mis vivencias por todo el mundo». Le gustaría dar voz a los hijos de migrantes como ella, a quienes les suele costar sentir que pertenecen a un lugar. Asegura que la comida es una forma preciosa de tender puentes, de ayudar a personas de distintos orígenes a encontrar elementos en común. Lo que más le gusta es que sus recetas le hagan la vida más fácil a la gente.

El mejor consejo de cocina de Hetty: «¡Usa todos tus sentidos! Escucha al arroz para saber cuándo está listo, huele los fideos para identificar cuándo están crujientes y observa el color de la masa para reconocer si está hecha. Cocinar es una experiencia multisensorial. ¡Usar nuestros sentidos nos hace cocinar mejor!».

CHOW MEIN CON TOFU AL HORNO

PARA 4 PERSONAS

«Esta receta está inspirada en el *chow mein* cantonés de mi madre, lleno de colores y texturas. El término "chow mein" significa "fideos fritos" y en muchos restaurantes chino-estadounidenses se usa para describir los diferentes platos de fideos salteados. Sin embargo, en Cantón y Hong Kong, es un plato muy concreto en el que los fideos, que tienen que estar crujientes por debajo y blandos por arriba, se cubren con verduras (y carne o marisco) crujientes pero tiernas y un poco de salsa. Aunque el wok sigue siendo el mejor utensilio para el *chow mein*, si lo preparas en una bandeja al horno obtendrás texturas y sabores similares a los de la receta de mi madre, pero con algo menos de esfuerzo. El *chow mein* tradicional se hace con fideos al huevo porque quedan muy crujientes, pero aquí se usan secos para ramen instantáneo, que funcionan igual de bien.

Una de las mejores cosas de este plato es que se adapta muy fácil. Puedes sustituir las verduras por las que tengas: zanahorias, coliflor, espárragos, tirabeques, col, calabacín… ¡Todo vale!».
—Hetty Lui McKinnon

INGREDIENTES

Para los fideos y verduras

1 bloque de tofu firme, escurrido

1 cda. de aceite de sésamo (tostado o sin tostar)

1 cda. de salsa de soja o tamari

1 brócoli de 400 g (14 oz) en ramitos

113 g (4 oz) de setas shiitake sin los tallos en láminas

1 pimiento rojo o verde en tiras finas

1 cda. de aceite neutro, como el vegetal o el de colza, y 1-2 cdas. más, medidas por separado

Sal gruesa y pimienta negra o blanca

3 paquetes de fideos ramen instantáneos (unos 250 g [9 oz] en total, desecha los saborizantes si llevan)

Agua hirviendo, para los fideos

1. Para los fideos y las verduras, coloca **rejillas** de horno en las partes central e inferior y caliéntalo a 220 °C (425 °F).

2. Seca el tofu dándole golpecitos con un **paño de cocina limpio**. Colócalo sobre una **tabla de cortar** y, con un **cuchillo de chef**, córtalo a lo ancho en tiras finas, de medio dedo de grosor. Después, corta cada tira por la mitad a lo largo (así obtendrás dos tiras de cada una). Pásalas a un **plato hondo** y vierte el aceite de sésamo y la salsa de soja por encima. Dales la vuelta para que se impregnen bien y déjalas marinar 5 minutos.

3. Prepara dos **bandejas de horno**: reparte el tofu por la primera y, por la segunda, el brócoli, las setas shiitake y el pimiento. Rocía las verduras con 1 cucharada del aceite vegetal y sazónalas con 1 cucharadita de sal y una pizca generosa de pimienta negra o blanca. Mézclalas con las manos para que se impregnen bien.

4. Coloca la bandeja con el tofu en la rejilla inferior del horno y la de las verduras en la rejilla central. Hornéalo todo 10 minutos.

CONTINÚA

CHOW MEIN CON TOFU AL HORNO (CONTINÚA)

!! **5** Mientras, pon los fideos en un **bol refractario grande** y, con cuidado, cúbrelos con agua hirviendo. Déjalos en remojo 5 minutos y sepáralos con **palillos** o unas **pinzas**. Pide a un adulto que escurra los fideos en el fregadero con un **colador**. Pásalos por agua fría, vuelve a escurrirlos y sécalos dándoles golpecitos con un **paño de cocina limpio**.

6 Vuelve a colocar los fideos en el bol refractario vacío y rocíalos con 1 o 2 cucharadas de aceite vegetal. Sazónalos con 1 cucharadita de sal y una pizca generosa de pimienta negra o blanca. Remuévelos con las pinzas hasta que estén bien impregnados de los condimentos.

!! **7** Saca las bandejas del horno con los **guantes de horno** y colócalas sobre una superficie resistente al calor o dos **rejillas** para que se enfríen. Dale la vuelta al tofu con la **espátula**. Empuja las verduras hacia los lados y añade los fideos en el centro, formando una capa lo más fina posible (¡ten cuidado!, la bandeja estará caliente).

8 Introduce las bandejas de nuevo en el horno con los guantes de horno puestos. Esta vez, coloca la bandeja del tofu en la rejilla central y los fideos y las verduras, en la inferior hasta que el tofu se dore y los fideos estén crujientes por arriba y abajo, de 10 a 15 minutos.

9 Para la salsa, mezcla en un **bol pequeño** la salsa para salteados, el ajo, la pimienta, el aceite de sésamo y la salsa de soja con unas **varillas**.

!! **10** Saca las bandejas del horno con los guantes de horno y colócalas sobre una superficie resistente al calor o unas rejillas para que se enfríen. Vierte la salsa sobre los fideos y remuévelos bien para que se impregnen. Reparte el tofu y esparce la cebolleta y las semillas de sésamo por encima. Sírvelo de inmediato en boles.

Para la salsa

1 cda. de salsa vegetariana para salteados o salsa de ostras (para los no vegetarianos)

1 diente de ajo pequeño pelado y rallado (p. 13)

Pimienta negra o blanca

1 cda. de aceite de sésamo (tostado o sin tostar)

3 cdas. de salsa de soja

1 cebolleta en rodajas finas, para acompañar

Semillas de sésamo blanco tostadas, para acompañar

FIDEOS CASEROS CON KIMCHI

PARA 4 PERSONAS

¡Hacer fideos caseros es más fácil de lo que piensas! ¡Y muy divertido! Basta con hacer la masa y cortarla con unas tijeras de cocina. Este tipo de fideos se llaman *jian dao mian* y son originarios del norte de China. En esta receta los salteamos con un poco de kimchi y salsa, pero puedes añadir las verduras o la carne que prefieras y usar otra salsa.

INGREDIENTES

375 g (3 tazas) de harina, y un poco más para amasar

1 cdta. de sal

175 ml (¾ de taza) de agua, y 2 cdas. más

60 ml (¼ de taza) de salsa de soja

2 cda. de vinagre de arroz

1 cdta. de azúcar blanco

1 diente de ajo pelado y picado (p. 13)

4 l (1 galón) de agua

330 g (1½ tazas) de kimchi

2 cebolletas en rodajas finas

1 Mezcla la harina, la sal y el agua en un **bol grande** y, con una **espátula de silicona**, remueve y presiona los ingredientes hasta obtener una masa.

2 Espolvorea un poco de harina sobre la encimera limpia y coloca encima la masa. Amásala hasta que esté fina y no se vea harina seca, unos 5 minutos. Dale forma de bola con las manos.

3 Vuelve a poner la masa en el bol y cúbrelo con **film transparente**. Deja que repose unos 15 minutos.

4 Mientras, mezcla la salsa de soja, el vinagre, el azúcar y el ajo en un **bol pequeño**. Mézclalo todo bien con una **cuchara**.

5 Coloca un **colador** en el fregadero. Vierte el agua en una **cazuela grande** y llévala a ebullición a fuego vivo.

6 Cuando la masa esté lista, córtala para obtener fideos (pp. 104-105).

!! 7 Con cuidado, añade los fideos al agua hirviendo y cuécelos, removiéndolos de vez en cuando con una **cuchara de madera**, hasta que suban a la superficie y estén cocinados, de 5 a 7 minutos. Apaga el fuego.

!! 8 Pide a un adulto que escurra los fideos y pásalos a una **sartén grande**.

9 Añade el kimchi y la mezcla de salsa de soja a la sartén. Saltéalos a fuego medio, removiéndolos de vez en cuando, hasta que el kimchi se caliente, de 3 a 4 minutos. Apaga el fuego.

!! 10 Pasa los fideos a unos **boles de servir** y esparce la cebolleta por encima. Sírvelos.

Este estilo de fideos procede de la provincia china de Shanxi. Allí los chefs cortan grandes bloques de masa directamente sobre el agua hirviendo. Allí también nació la primera y única emperatriz china, Wu Zetian.

CÓMO CORTAR FIDEOS

1

Saca la masa del bol y colócala sobre una encimera limpia. Desecha el film transparente. Córtala por la mitad con una **rasqueta de panadería** o un **cuchillo de chef**.

2

Dale pequeños golpecitos a cada mitad para formar un óvalo más o menos del tamaño de tu mano y un dedo de grosor. (¡No te preocupes si no quedan iguales!)

3

Sujeta una de las masas sobre una **bandeja de horno**. Con unas **tijeras de cocina**, corta trozos de masa de 4-5 cm (1½-2 in) de largo. Deja que caigan sobre la bandeja. (¡Tampoco pasa nada si no tienen el mismo tamaño o forma!)

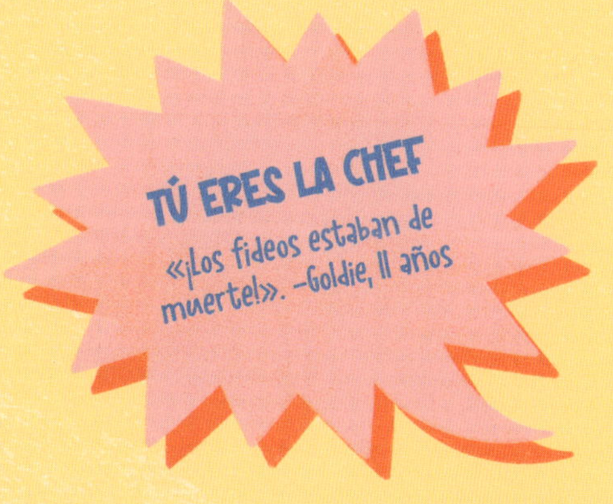

CONOCE A LA CHEF EVA CHIN

Eva recuerda bien cuando de pequeña rellenaba y cerraba gyozas con su abuela. Este es su primer recuerdo en la cocina. Así fue como se enamoró del placer de transformar ingredientes crudos en alimentos. Su infancia estuvo marcada por los fogones: recuerda el olor del satay caramelizándose en la parrilla del jardín de la casa de su tía en Singapur y el aroma del caldo de huesos que cocía a fuego lento e inundaba toda la casa. Estas experiencias la llevaron a entender la cocina como una forma de celebrar la cultura y crear comunidad.

Estas dos ideas, la cultura y la comunidad, desempeñan un papel esencial en su trabajo como chef y la acompañan siempre. Fue jefa de cocina de Avling, un restaurante *farm-to-table* (que trabaja con ingredientes de origen local) y Momofuku Toronto. Hoy regenta Soy Luck Club, en el que sirve platos inspirados en lo que comía de niña.

¿Qué es lo mejor de su trabajo? «Hacer feliz a la gente».

Algo que Eva desearía haber sabido cuando aprendía a cocinar: «Los condimentos son muy importantes».

GYOZAS DE CERDO Y COL CHINA

PARA 36 UNIDADES

«¡Esta receta conseguía reunir a toda la familia! Mi abuela preparaba la masa, mi hermano picaba los ingredientes, mis hermanas estiraban y rellenaban las gyozas y yo las cerraba. Cocinar juntos crea recuerdos imborrables. Por eso, esta receta es genial para que la hagas con tu familia y amigos. Reparte el relleno en boles, dales láminas de masa y sentaos todos juntos alrededor de la mesa de la cocina. Si no tienes un procesador de alimentos, pica finos la col, las cebolletas, el jengibre y el ajo. Añádelos al bol con la carne de cerdo del paso 1 y salta al paso 3». —Eva Chin

1. Pon la carne en un **bol grande** y resérvala.
2. !! Añade el ajo y el jengibre en el vaso de un **procesador de alimentos** y ciérralo. Procésalo 1 segundo y para. Repite la operación hasta que el ajo y el jengibre estén picados finos, de 7 a 10 veces. Quita la tapa y añade la col y las cebolletas. Ciérralo de nuevo y procésalo hasta que todo esté bien picado, de 8 a 10 veces. Retira la tapa y, con mucho cuidado, saca la cuchilla del procesador.
3. Pasa las verduras al bol con la carne con una **espátula de silicona**, rebañando bien el vaso. Añade el vino (si lo usas), la salsa de soja, la sal, la pimienta y la maicena y remuévelo bien.
4. Cubre el bol con **film transparente** y refrigéralo. Déjalo marinar 1 hora como mínimo o hasta 3 días antes de montar las gyozas.
5. Cuando el relleno esté listo, llena una **olla grande** con agua hasta poco más de la mitad. Llévala a ebullición a fuego medio-alto.

CONTINÚA

INGREDIENTES

- 340 g (12 oz) de carne picada de cerdo
- 4 dientes de ajo medianos pelados (p. 13)
- 1 trozo de 2,5 cm (1 in) de jengibre pelado y picado grueso
- 100 g (1½ tazas) de col china picada gruesa
- 4 cebolletas, con la parte verde picada gruesa
- 60 ml (¼ de taza) de vino de cocina chino (opcional)
- 2½ cdas. de salsa de soja o tamari
- 1½ cdtas. de sal gruesa
- 1½ cdtas. de pimienta
- 1½ cdas. de maicena
- 36 láminas cuadradas de wonton o redondas para gyozas
- 1 cda. de vinagre negro (opcional)
- 1 cdta. de copos de guindilla (opcional)
- 1 cda. de cilantro fresco picado (p. 10) o cebolleta, para decorar (opcional)

GYOZAS DE CERDO Y COL CHINA (CONTINÚA)

6 Mientras, da forma a las gyozas: saca el relleno del frigorífico y retira el film transparente. Coloca una lámina de masa sobre una encimera limpia y un **bol pequeño** con agua al lado. Añade 2 cucharaditas del relleno en el centro de la lámina. Humedécete un dedo con agua y pásalo por el borde. Dóblala por la mitad sobre el relleno (si usas láminas cuadradas, obtendrás un triángulo y, si son redondas, una media luna). Presiona bien los bordes para sellar las gyozas y colócalas en una **bandeja de cocina** o una **bandeja de horno**. Repite la operación con el resto de las láminas y el relleno.

7 Pon el vinagre negro o los copos de guindilla (si los usas) en un **bol** (si quieres, puedes usar cualquier otro condimento que se te ocurra, como salsa de soja o tamari). Colócalo en la encimera, cerca del fuego.

!! 8 Añade la mitad de las gyozas al agua hirviendo con una **espumadera**. Cuécelas, removiéndolas de vez en cuando, hasta que suban a la superficie, de 3 a 5 minutos.

!! 9 Saca las gyozas del agua con la espumadera. Escúrrelas tanto como sea posible, pásalas al bol con la salsa y mézclalo todo con mucho cuidado.

10 Repite los pasos 8 y 9 con el resto de las gyozas. Decóralas con cilantro o cebolleta (si decides usarlos) o el ingrediente que más te guste y sírvelas.

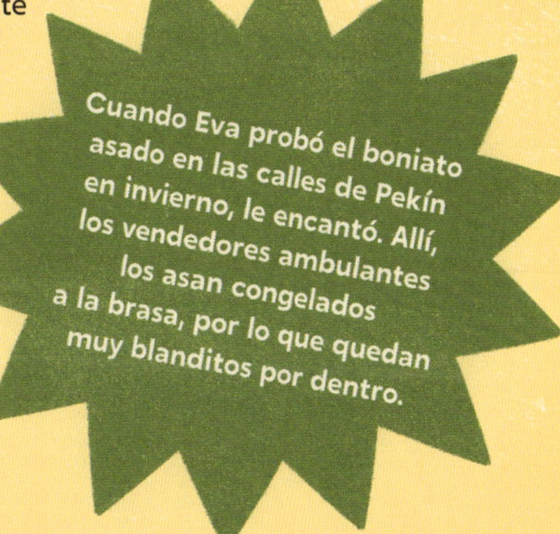

CONOCE A LA CHEF PORTIA MBAU

A Portia no le gustaba la okra hasta que probó a cocinarla en una freidora de aire. Siempre le había parecido un poco babosa, ¡pero así estaba supercrujiente!

Cuando Portia era tan pequeña que no llegaba ni a la encimera de la cocina, su madre la subió a un taburete, le dio un rodillo chiquitín y un juego de utensilios de cocina para ella y se pusieron a cocinar juntas.

Cuando Portia tuvo una hija, hizo lo mismo con ella. De pequeña, Lumai se ponía muy nerviosa porque pensaba que se podía quemar con el horno o cortarse con los cuchillos, pero enseguida fue perdiendo el miedo. Ahora, a las dos les encantan los mismos platos... ¡y a ninguna fregarlos!

En 1992 Portia abrió el Africa Café, el primer restaurante del resto del continente en servir comida africana. La gente venía de todos los rincones del mundo para probar sus platos y le pedían sus recetas, así que decidió recopilarlas en un libro. Ella se encargó de las recetas y su hija de las fotos.

Portia nunca ha recibido clases de cocina. Aprendió de su madre, con la que todo parecía fácil. Hay chefs que hablan de la cocina como si fuera algo muy complicado y piensan que es necesario estudiar para dedicarse profesionalmente a ella. Sin embargo, Portia asegura: «Me gustaría que cualquier persona a la que le guste cocinar sepa que puede hacerlo. No hace falta tener una formación clásica para preparar platos increíbles».

Si Portia invitara a tres Rebeldes a cenar, elegiría a Maya Angelou, Winnie Mandela y Tina Turner. Les prepararía *sik sik wat* etíope, un delicioso guiso de ternera con salsa de pimentón dulce. Y de postre, tarta de queso. ¡La especialidad de Lumai!

GUISO SUDAFRICANO DE ESPINACAS Y MANTEQUILLA DE CACAHUETE

PARA 2 PERSONAS COMO PLATO PRINCIPAL O 4 COMO GUARNICIÓN

«Este sencillo guiso te sorprenderá. La sopa de cacahuete es un plato muy popular en las gastronomías del sur y el este de África. He probado muchas versiones en mis viajes por Sudáfrica y Tanzania, ya que me recordaban a la crema de espinacas que cocinaba mi madre. En esta receta mezclo la mantequilla de cacahuete, que adoran mis hijos, con una verdura de hoja verde repleta de propiedades nutricionales: las espinacas. Cremosa y ligeramente dulce, tiene mucho hierro y proteínas, así que es una forma estupenda de incorporar espinacas a tus comidas. Usa el tipo de guindilla que prefieras para ajustar el nivel de picante a tu gusto y, si eres alérgica a los cacahuetes, sustituye el aceite de cacahuete por aceite de oliva y la mantequilla de cacahuete por una de anacardos o almendras. En casa nos encanta servirlo con puré de patatas y salsa, arroz o pollo asado». —Portia Mbau

INGREDIENTES

- 450 g (1 lb) de espinacas frescas
- 60 ml (¼ de taza) de aceite de cacahuete o aceite de oliva
- 55 g (1 taza) de cebolla picada (p. 11)
- 45 g (½ taza) de coco deshidratado sin azúcar añadido
- ½ cdta. de sal
- 1 cdta. de chile habanero sin semillas y picado fino (½ chile, p. 12)
- 240 g (1 taza) de leche de coco
- 65 g (¼ de taza) de mantequilla de cacahuete

1. Coloca un **colador** en el fregadero. Lava bien las espinacas con agua fría y sacude el colador para escurrirlas bien. Repite esta operación varias veces y, después, pártelas con las manos en trozos del tamaño de un bocado.
2. Calienta el aceite en una **olla grande** o una **cazuela de hierro fundido** a fuego medio hasta que esté caliente pero no humee (p. 17). Añade la cebolla y sofríela, removiéndola con frecuencia con una **cuchara de madera**, hasta que se dore, unos 10 minutos.
3. Baja el fuego al mínimo. Agrega el coco, la sal y el chile y sofríelo, removiéndolo con frecuencia, 5 minutos.
4. En un **bol pequeño**, mezcla la leche de coco y la mantequilla de cacahuete con unas **varillas** hasta que la mezcla esté fina.
5. Añade la mezcla de leche de coco y las espinacas en la olla y ponle la **tapa**. Cuécelo todo, removiéndolo de vez en cuando, hasta que las espinacas se ablanden, unos 15 minutos. Apaga el fuego y sírvelo.

PARA 4 PERSONAS (400 G [3 TAZAS] DE ARROZ DE GRANO LARGO O INTEGRAL, 370 G [2 TAZAS] DE ARROZ DE GRANO CORTO, DE SUSHI O INTEGRAL DE GRANO CORTO)

ARROZ BLANCO DE GRANO LARGO

190 g (1 taza) de arroz blanco de grano largo

470 ml (2 tazas) de agua

½ cdta. de sal

ARROZ BLANCO DE GRANO CORTO O DE SUSHI

205 g (1 taza) de arroz blanco de grano corto o de sushi

295 ml (1¼ tazas) de agua

¼ de cdta. de sal

ARROZ INTEGRAL DE GRANO LARGO O CORTO

2,5 l (½ galón) de agua

190 g (1 taza) de arroz integral de grano largo o corto

1½ cdtas. de sal

DOS FORMAS DE COCER ARROZ

Existen dos formas principales de cocer arroz: lo puedes hacer al vapor o cocerlo y escurrirlo como si estuvieras haciendo pasta. La cocción al vapor funciona muy bien con el arroz blanco, y cocer el arroz integral es facilísimo. El arroz funciona genial como guarnición. Si quieres potenciar su sabor, añádele hierbas aromáticas frescas picadas, zumo de limón o lima o queso parmesano rallado justo antes de servirlo.

PARA EL ARROZ BLANCO DE GRANO LARGO, DE GRANO CORTO O DE SUSHI

1. Coloca un **colador de malla fina** en el fregadero y añade el arroz. Lávalo con agua fría hasta que el agua salga clara, 1 o 2 minutos. Sacude el colador para escurrirlo bien.
2. Mezcla el arroz, el agua y la sal en una **cazuela**.
3. Lleva el agua a ebullición a fuego medio-alto y, cuando rompa a hervir, baja el fuego, **tapa** la cazuela y cuécelo 20 minutos.
4. Apaga el fuego y retira la cazuela. Deja que el arroz repose, tapado, para que se acabe de hacer: 5 minutos para el arroz blanco de grano largo o 10 minutos para el de grano corto o el arroz de sushi.
5. Ponte **guantes de horno** y retira la tapa. Sírvelo.

PARA ARROZ INTEGRAL DE GRANO LARGO O CORTO

1. Lleva el agua a ebullición a fuego medio-alto en una **olla grande**.
2. !! Con cuidado, añade el arroz y la sal. Cuécelo, removiendo de vez en cuando con una **cuchara de madera**, hasta que esté cocinado, de 25 a 35 minutos.
3. !! Cuando el arroz esté listo, apaga el fuego y pide a un adulto que lo escurra en el fregadero con un **colador de malla fina**.
4. Usa la cuchara de madera para pasar el arroz a un **bol**. Sírvelo.

TUESTA EL ARROZ BLANCO DE GRANO LARGO PARA POTENCIAR SU SABOR

Si quieres que quede más sabroso, tuesta el arroz blanco de grano largo antes de cocinarlo al vapor. Empieza por derretir 2 cucharadas de mantequilla sin sal a fuego medio-bajo. Añade el arroz y la sal y fríelo, removiéndolo con frecuencia con una cuchara de madera, hasta que se tueste y desprenda su aroma (olerá como a frutos secos), unos 2 minutos. Añade el agua y sigue las instrucciones de la receta desde el paso 3.

PARA 4 UNIDADES

PANES PLANOS A LA SARTÉN

INGREDIENTES

250 g (2 tazas) de harina, y un poco más para espolvorear

¼ de cdta. de levadura instantánea

175 ml (¾ de taza) de agua

3 cdas. de aceite de oliva virgen extra, y 2 cdtas. más, medidas por separado

1 cdta. de sal

Estos panes planos, finos pero tiernos, se preparan en una sartén (no en el horno) y son el acompañante perfecto para sopas, guisos, currys... ¡y mucho más! No pasa nada si tienen formas ligeramente diferentes, ¡estarán deliciosos igualmente!

1 Añade la harina y la levadura en el vaso de un **procesador de alimentos**. Coloca la tapa y procésalo hasta que se mezclen, unos 5 segundos. Detén el procesador.

2 En un **vaso medidor**, mezcla el agua y 3 cucharadas de aceite. Con el procesador en marcha, incorpora la mezcla de agua y aceite a través del tubo de alimentación. Procésalo hasta que la masa forme una bola y no se pegue a las paredes del vaso, de 30 segundos a 1 minuto. Detén el procesador.

3 Deja que la masa repose en el vaso 5 minutos. (Así la harina tendrá tiempo para absorber todo el líquido y la masa quedará más blandita, por lo que será más fácil de trabajar.)

4 Mientras la masa reposa, añade las 2 cucharaditas de aceite restantes en un **bol mediano** y gíralo para cubrir las paredes.

!! 5 Cuando la masa esté lista, quita la tapa del procesador y añade la sal. Vuelve a taparlo y procésalo hasta que la sal se haya incorporado y la masa esté fina, 1 minuto. Retira la tapa y, con mucho cuidado, saca la cuchilla del procesador.

6 Espolvorea un poco de harina sobre la encimera limpia y enharínate las manos. Pasa la masa a la encimera y dale forma de bola. Guárdala en el bol engrasado.

7 Cubre el bol con **film transparente** y deja que la masa suba a temperatura ambiente, de 30 a 45 minutos.

CONTINÚA

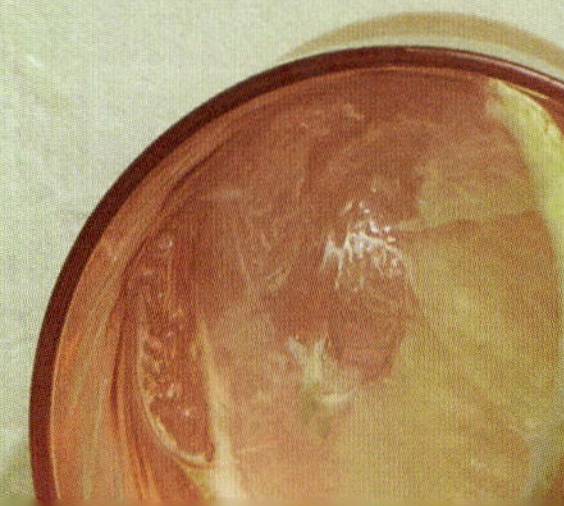

PANES PLANOS A LA SARTÉN (CONTINÚA)

8 Cuando la masa esté lista, espolvorea un poco más de harina sobre la encimera y colócala encima. Córtala en 4 trozos del mismo tamaño con una **rasqueta de panadería** o un **cuchillo de chef**. Envuélvelos, sin apretar, con **film transparente** y forma 4 panes planos siguiendo las fotos de la página siguiente.

9 Calienta una **sartén mediana** a fuego medio hasta que esté caliente pero no humee, unos 2 minutos.

!! 10 Con cuidado, deposita uno de los panes en la sartén y tuéstalo hasta que aparezcan manchas doradas en la parte de abajo, de 1 a 3 minutos (usa una **espátula** para levantarlo ligeramente y comprobar su color).

11 Dale la vuelta con la espátula y sigue tostándolo hasta que se dore también por el otro lado, de 1 a 3 minutos más. Si la sartén empieza a humear o el pan se dora demasiado rápido, baja el fuego.

12 Pasa con cuidado el pan a un **plato grande** y cúbrelo con un **paño de cocina limpio** para mantenerlo caliente. Baja el fuego a medio-bajo y repite la operación con los 3 panes restantes. Apaga el fuego y sirve los panes templados.

PANES PLANOS DE SABORES

Pan plano con hierbas

Añade 15 g (⅓ de taza) de hojas de cilantro, perejil o albahaca picadas gruesas (p. 10) en el procesador de alimentos en el paso 1, con la harina y la levadura.

Pan plano con zatar

Añade 2 cucharaditas de zatar en el procesador de alimentos en el paso 1, con la harina y la levadura.

CÓMO FORMAR PANES PLANOS

1

Trabaja 1 trozo de masa cada vez y reserva los otros envueltos en film transparente. Con las manos, lleva las esquinas hacia el centro para formar una bola. Pellizca los bordes para cerrarla.

2

Dale la vuelta a la bola y estírala con las manos hasta obtener un círculo del tamaño de tu mano más o menos. Si intenta recupera la forma cuando la estiras, vuelve a cubrirla con film transparente y déjala reposar 5 minutos más antes de volver a intentarlo. Repite la operación con el resto de las bolas de masa.

POSTRES Y DULCES

PARA 24 UNIDADES

COOKIES SUPERBLANDITAS CON PEPITAS DE CHOCOLATE

INGREDIENTES

250 g (2 tazas) de harina panificable

¾ de cdta. de bicarbonato sódico

¾ de cdta. de sal

170 g (12 cdas.) de mantequilla sin sal derretida (p. 17) y enfriada

1 huevo grande, y la yema de 1 huevo grande (p. 17)

1½ cdtas. de extracto de vainilla

220 g (1 taza) de azúcar mascabado

50 g (¼ de taza) de azúcar blanco

175 g (1 taza) de pepitas de chocolate negro

Puedes hornear estas galletas en dos tandas o congelar la segunda tanda cuando les hayas dado forma. Para hacerlo, cubre la bandeja con film transparente y congélala unas 2 horas. Cuando las bolas de masa estén congeladas, pásalas a una bolsita de plástico con cierre y resérvalas en el congelador hasta 1 mes. Para hornearlas, no tienes que descongelarlas, simplemente añade 2 o 3 minutos al tiempo de cocción indicado en la receta. Las galletas quedarán más gruesas y blanditas si usas harina panificable, pero puedes utilizar también 250 g (2 tazas) de harina común.

1. En un **bol grande**, mezcla la harina, el bicarbonato sódico y la sal con unas **varillas**.
2. En un **bol mediano**, bate la mantequilla derretida, el huevo, las yemas y la vainilla con las varillas hasta que se mezclen bien.
3. Añade el azúcar mascabado y el blanco a la mezcla de mantequilla y bátela hasta que quede fina.
4. Vierte la mezcla de mantequilla en la de harina y remuévelo con una **espátula de silicona** hasta que cohesione y no se vean trocitos de harina seca.
5. Incorpora las pepitas de chocolate y remuévelo hasta que se mezclen. Refrigera el bol 30 minutos.
6. Mientras, coloca una **rejilla** en la parte central del horno y caliéntalo a 163 °C (325 °F). Forra dos **bandejas de horno** con **papel vegetal**.
7. Cuando la masa esté fría, divídela en porciones de 1 cucharada colmada. Humedécete un poco las manos, bolea las porciones y coloca 12 bolitas en cada bandeja, dejando un poco de espacio entre ellas.

CONTINÚA

COOKIES SUPERBLANDITAS CON PEPITAS DE CHOCOLATE (CONTINÚA)

!! 8 Introduce la bandeja en el horno hasta que las cookies se doren ligeramente, de 10 a 12 minutos.

9 Saca la bandeja del horno con los **guantes de horno** y colócala sobre una superficie resistente al calor o una **rejilla** para que se enfríe. Hornea la segunda tanda o, si lo prefieres, congela la masa (véase intro receta). Deja que las galletas se enfríen por completo en la bandeja del horno, unos 30 minutos y sírvelas.

COOKIES SUPERCRUJIENTES CON PEPITAS DE CHOCOLATE

¿Te gustan más las cookies crujientes? ¡Ajusta la receta siguiendo estas instrucciones! Sustituye la harina panificable por 350 g (2¾ tazas) de harina galletera. (¿Y si no tienes harina galletera? Usa 250 g (2 tazas) de harina común. Las cookies quedarán un poquito más gruesas y menos crujientes, pero seguirán estando deliciosas.) Aumenta la cantidad de azúcar blanco a 150 g (¾ de taza) y usa 110 g (½ taza) de azúcar moreno en lugar de azúcar mascabado. Sustituye también las pepitas de chocolate por su versión mini. En el paso 7, presiona con suavidad cada porción de masa con las manos ligeramente húmedas hasta obtener un círculo de 5 cm (2 in) de diámetro (no hará falta que bolees la masa antes). Y, por último, aumenta el tiempo de cocción de 13 a 15 minutos.

REBELDES EN LA COCINA

En los años 30, Ruth Wakefield inauguró Toll House Inn, un local en el que servía unas cookies con pepitas de chocolate que causaban furor. Cuando publicó la receta, las ventas de las tabletas de chocolate de Nestlé se dispararon y la compañía de chocolates suiza le pidió permiso para incluirla en el reverso del envoltorio. ¡Así crearon las pepitas de chocolate que seguimos usando hoy para no tener que picar el chocolate a mano!

GALLETAS DE MANTEQUILLA DE CACAHUETE

PARA 24 UNIDADES

Para esta receta te recomendamos que uses mantequilla de cacahuete Skippy o Jif, que no sea 100 % natural, ya que su consistencia es diferente y podría afectar a la textura de la masa. El azúcar mascabado aporta un toque acaramelado delicioso, pero puedes usar azúcar moreno si no tienes.

INGREDIENTES

- 55 g (½ taza) de cacahuetes tostados salados
- 155 g (1¼ tazas) de harina
- ½ cdta. de bicarbonato sódico
- ¼ de cdta. de levadura en polvo
- ½ cdta. de sal
- 8 cdas. de mantequilla sin sal en 8 trozos y blanda
- 110 g (½ taza) de azúcar mascabado
- 100 g (½ taza) de azúcar blanco
- 130 g (½ taza) de mantequilla de cacahuete
- 1 huevo grande
- 1 cdta. de extracto de vainilla

1. Coloca una **rejilla** en la parte central del horno y caliéntalo a 180 °C (350 °F). Forra dos **bandejas de horno** con **papel vegetal**.
2. Coloca los cacahuetes en una **bolsita con cierre**, presiónala para sacar todo el aire del interior y ciérrala. Coloca la bolsa plana sobre la encimera y, con un **rodillo**, aplasta los cacahuetes hasta obtener trocitos pequeños. Resérvalos.
3. En un **bol mediano**, mezcla la harina, el bicarbonato sódico, la levadura en polvo y la sal con unas **varillas**.
4. Añade la mantequilla, el azúcar mascabado y el azúcar blanco en un **bol grande** (si utilizas una batidora de mano) o en el bol de una **batidora amasadora** equipada con la **pala** (si utilizas una batidora amasadora). Bate la mezcla a velocidad media hasta que esté cremosa y esponjosa, unos 3 minutos. Detén la batidora.
5. Rebaña las paredes del bol con una **espátula de silicona**. Incorpora la mantequilla de cacahuete, el huevo y la vainilla y bátelo todo a velocidad media hasta que esté completamente incorporado, unos 30 segundos. Detén la batidora.
6. Rebaña las paredes del bol, añade la mitad de la mezcla de harina y bátelo a velocidad baja hasta que se mezcle, unos 30 segundos. Detén la batidora, añade el resto de la mezcla de harina y bátelo a velocidad baja hasta que se incorpore por completo, unos 30 segundos. Detén la batidora. Retira la pala o las varillas, rebaña la masa que se les haya pegado y échala en el bol.

CONTINÚA

GALLETAS DE MANTEQUILLA DE CACAHUETE
(CONTINÚA)

7. Añade los cacahuetes triturados y remueve la masa con la espátula de silicona para que se distribuyan de manera uniforme y no quede harina seca (asegúrate de rebañar la base y las paredes del bol).

8. Con una **cuchara**, divide la masa en doce porciones de 1 cucharada y media en una de las bandejas, dejando espacio entre ellas. Utiliza otra **cuchara** o una **espátula de silicona pequeña** para sacar la masa que se haya quedado en la cuchara y colocarla en la bandeja.

9. Llena un **bol pequeño** con agua, sumerge un **tenedor** y presiona con suavidad la parte superior de cada bola de masa con el dorso (sumérgelo de nuevo en el agua si notas que la masa se empieza a pegar). Repite la operación en la dirección opuesta para obtener un patrón entrecruzado en la parte superior de cada bola de masa (después de esto, las galletas deberían tener aproximadamente medio dedo de grosor).

10. Introduce la bandeja en el horno hasta que las galletas se endurezcan por el borde y el centro se hinche, de 11 a 13 minutos.

11. Mientras, repite los pasos 8 y 9 para dar forma de galleta al resto de la masa en la segunda bandeja de horno.

12. !! Cuando las primeras galletas estén listas, saca la bandeja del horno con los **guantes de horno** y colócala sobre una superficie resistente al calor o una **rejilla** para que se enfríe. Deja que se enfríen por completo en la bandeja antes de servirlas, unos 30 minutos.

13. Hornea la segunda tanda o cubre la bandeja con film transparente y congélalas (véase intro receta, p. 122).

BROWNIES ESPONJOSOS

PARA 16 UNIDADES

El cacao holandés hace que estos brownies tengan una textura superblandita y un intenso color marrón. Si usas cacao en polvo normal, quedarán más secos y de un color más claro. Sabemos que es difícil esperar a que se enfríen, ¡pero es esencial!

INGREDIENTES

- Aceite vegetal en spray
- 3 cdas. de mantequilla sin sal derretida (p. 17) y enfriada
- 7 cdas. de aceite vegetal
- 2 huevos grandes
- 300 g (1½ tazas) de azúcar blanco
- 50 g (½ taza) de cacao holandés en polvo sin azúcar
- 125 g (1 taza) de harina
- ¼ de cdta. de sal
- 60 g (⅓ de taza) de pepitas de chocolate negro

1. Coloca una **rejilla** en la parte central del horno y caliéntalo a 163 °C (325 °F). Forra un **molde cuadrado mediano** con **papel de aluminio** y deja que sobresalga un poco por los lados. Rocía el papel de aluminio con una capa uniforme de aceite vegetal en spray.
2. En un **bol grande**, bate la mantequilla, el aceite y los huevos con unas **varillas** hasta que se mezclen.
3. Añade el azúcar, el cacao en polvo, la harina y la sal y bátelo hasta que se incorporen y no haya cacao en polvo o harina secos.
4. Agrega las pepitas de chocolate y remuévelo con una **espátula de silicona** para que se repartan por la masa.
5. Vierte la masa en el molde preparado y alisa la parte superior.
6. Introduce el molde en el horno hasta que al insertar un palillo en el centro, salga con solo unas migas adheridas, de 30 a 35 minutos.
7. !! Saca el molde del horno con los **guantes de horno** y colócalo sobre una superficie resistente al calor o una **rejilla** para que se enfríe. Deja que el brownie se enfríe por completo en el molde durante 1 hora.
8. Tira del papel de aluminio y colócalo sobre una **tabla de cortar**. Córtalo en 16 cuadraditos y sírvelos.

¿SABÍAS QUE...?

La primera mención a un brownie en un libro de cocina data de 1906, pero la receta (¡curiosamente!) no llevaba chocolate. Se trataba de una receta de la chef Fannie Farmer para una galleta de melaza. Diez años más tarde publicó una receta con chocolate, ¡¡aunque con menos chocolate que esta!!

PARA 1 PERSONA

MUG CAKE CON TOFE

INGREDIENTES

35 g (¼ de taza) de dátiles sin hueso picados

1 cda. de agua

1 cda. de mantequilla sin sal en 4 trozos

⅛ de cdta. de bicarbonato sódico

1 huevo

¼ de cdta. de extracto de vainilla

1 cda. de azúcar mascabado, y 2 cdas. más, medidas por separado

1½ cdtas. de nata espesa, y 2 cdas. más, medidas por separado

30 g (¼ de taza) de harina

¼ de cdta. de levadura en polvo

Sal

El pudin de tofe es un postre inglés muy popular en Gran Bretaña, Australia y Nueva Zelanda. Se elabora con dátiles y azúcar moreno, y se suele hornear o cocer al vapor en el horno. Después, se cubre con una salsa de caramelo y tofe por encima. Con esta versión podrás preparar una ración individual en el microondas en menos de 10 minutos y disfrutar de esta delicia británica cuando más te apetezca. Usa una taza con una capacidad de unos 350 ml (12 oz), o sea, más bien grande, para asegurarte de que no se desbordará ni mancharás el microondas.

1. Mezcla los dátiles y el agua en una **taza apta para microondas de 350 ml (12 oz)**. Caliéntalos en el microondas hasta que el agua burbujee y la mezcla humee, aproximadamente 1 minuto.
2. Ponte **guantes de horno** para sacar la taza del microondas. Incorpora la mantequilla y el bicarbonato con una **cuchara** (puede que salga algo de espuma). Déjalo reposar 1 minuto para que la mantequilla se derrita y los dátiles se ablanden.
3. Casca el huevo en un **bol pequeño** y bátelo bien con un **tenedor** hasta que tenga un color amarillo uniforme. Añade 2 cucharadas del huevo en la taza. (Desecha el resto o utilízalo para prepararle un *mug cake* a un amigo o un familiar.) Añade la vainilla, 1 cucharada de azúcar moreno y 1 cucharadita y media de nata y remuévelo bien.
4. Incorpora la harina, la levadura en polvo y una pizca de sal y remuévelo hasta que no se vean trocitos de harina seca.
5. En otro **bol pequeño**, mezcla las 2 cucharadas de azúcar mascabado, 2 cucharadas de nata y una pizca de sal con una **cuchara limpia**. Vierte la mezcla en la taza.
6. Calienta la taza en el microondas hasta que el *mug cake* suba y esté firme por arriba pero el centro siga líquido, de 1 a 1 minuto y medio. Ponte los guantes de horno para sacar la taza del microondas y deja que se enfríe durante 1 minuto. ¡Al ataque!

TÚ ERES LA CHEF
«¡Hice la receta en un plis!
¡Y en mi taza favorita!
Me encantó el glaseado de tofe...
El bizcocho estaba muy jugoso».
–Savannah, 11 años

BIZCOCHO DE CALABAZA CON SIROPE DE ARCE

PARA 12 PERSONAS

Quizás te parezca que este bizcocho es difícil de hacer, ¡pero todo lo contrario! Es tan sencillo que lo puedes preparar al salir de clase.

INGREDIENTES

- Aceite vegetal en spray
- 125 g (1 taza) de harina
- 1 cdta. de canela molida
- 1 cdta. de levadura en polvo
- ½ cdta. de bicarbonato sódico
- ½ cdta. de sal
- ¼ de cdta. de nuez moscada molida
- 225 g (1 taza) de puré de calabaza* de Libby's Mississippi Belle
- 165 g (¾ de taza) de azúcar moreno
- 120 ml (½ taza) de aceite vegetal
- 60 ml (¼ de taza) de sirope de arce, y 60 ml (¼ de taza) más, medidos por separado
- 2 huevos grandes
- 65 g (½ taza) de azúcar glas
- 30 g (¼ de taza) de nueces o pacanas tostadas y picadas (opcional)

1. Coloca una **rejilla** en la parte central del horno y caliéntalo a 180 °C (350 °F). Engrasa un **molde cuadrado mediano** con aceite vegetal y forra la base con **papel vegetal**.
2. En un **bol mediano**, mezcla la harina, la canela, la levadura en polvo, el bicarbonato, la sal y la nuez moscada con unas **varillas**.
3. En un **bol grande**, bate la calabaza, el azúcar moreno, el aceite, 60 ml (¼ de taza) del sirope de arce y los huevos con las varillas hasta que se mezclen bien.
4. Añade la mezcla de harina al bol grande y remuévelo con una **espátula de silicona** hasta que cohesione y no se vean trocitos de harina seca.
5. Pasa la masa al molde preparado con la ayuda de la espátula de silicona y alisa la parte superior.
6. Introduce el molde en el horno hasta que al insertar un palillo en el centro, salga limpio, de 30 a 35 minutos.
7. Mientras, mezcla en un **bol pequeño** el azúcar glas y los 60 ml (¼ de taza) de sirope de arce restantes con las varillas.
8. !! Saca el molde del horno con los **guantes de horno** y colócalo sobre una superficie resistente al calor o una **rejilla** para que se enfríe.
9. Deja que se enfríe por completo en el molde durante 1 hora y media. Despega los bordes del molde con un **cuchillo para mantequilla** y saca el bizcocho del molde. Despega el papel vegetal y deséchalo. Dale la vuelta sobre la **fuente** en la que lo vayas a servir o una **tabla de cortar**.
10. Vierte el glaseado de sirope de arce sobre el bizcocho con una **cuchara** y esparce las nueces (si las usas) por encima. Sírvelo.

*Si no encuentras **puré de calabaza**, ¡prepáralo tú! Hornea media calabaza a 180 °C (350 °F) hasta que se dore y esté blanda, unos 30 minutos. Quítale la piel, trocéala, añade medio vaso de agua y tritúrala con una batidora o un prensa patatas. ¡Guarda lo que sobre!

PARA 6 PERSONAS

CRUMBLE DE FRUTAS DE OTOÑO

INGREDIENTES

Topping

60 g (½ taza) de harina

30 g (⅓ de taza) de copos de avena

55 g (¼ de taza) de azúcar moreno

⅛ de cdta. de sal

⅛ de cdta. de canela molida

4 cdas. de mantequilla sin sal derretida (p. 17)

Relleno

450 g (1 lb) de manzanas peladas

225 g (½ lb) de peras peladas

1 cdta. de zumo de limón (p. 15)

1 cdta. de maicena

½ cdta. de polvo de cinco especias chino

¼ de cdta. de jengibre molido

2 cdas. de azúcar moreno

1 pizca de sal

45 g (⅓ de taza) de arándanos rojos secos (opcional)

2 cdas. de mantequilla sin sal

Nata montada (p. 144) o helado de vainilla, para servir (opcional)

¡Las manzanas y las peras están mejor en otoño! Usa cualquier variedad de manzana dulce y crujiente, como las golden delicious, royal gala o fuji. En cuanto a las peras, acertarás si usas bosc, conferencia o williams. Asegúrate de comprar la avena en copos (la instantánea se hará papilla y la molida a la piedra quedará dura).

1 Para el *topping*, mezcla la harina, la avena, el azúcar moreno, la sal y la canela en un **bol mediano** con unas **varillas**.

2 Añade la mantequilla derretida y remuévelo con un **tenedor** (o con los dedos) hasta que no se vean trocitos de harina seca y en la mezcla se empiecen a formar grumos.

3 Pasa el *topping* a una **sartén mediana** y dóralo a fuego medio-bajo, removiéndolo con una **espátula de silicona**, de 6 a 8 minutos.

!! 4 Con cuidado, pásalo a un **plato**. Usa la espátula de silicona para extenderlo en una capa uniforme. (No hace falta que laves la sartén, la volverás a usar en el paso 7.)

5 **Para el relleno,** coloca las manzanas peladas sobre una **tabla de cortar** con los rabitos hacia arriba. Con un **cuchillo de chef**, córtalas alrededor del corazón para obtener 4 trozos grandes y desecha los corazones. Coloca los trozos, apoyados por la parte plana, sobre la tabla de cortar y córtalos en rodajas de un dedo de grosor. Repite la operación con las peras peladas.

6 Añade el zumo de limón, la maicena, el polvo de cinco especias, el jengibre, el azúcar moreno y la sal en un **bol grande** y mézclalo con las varillas. Agrega las manzanas, las peras y los arándanos rojos (si los usas). Remuévelo para que la fruta se impregne bien.

!! 7 En la misma sartén mediana, derrite la mantequilla a fuego medio-bajo. Con los **guantes de horno**, toma la sartén por el mango y muévela con cuidado para que la mantequilla cubra la base de forma uniforme. Vuelve a poner la sartén en el fuego.

8 Pasa la mezcla de fruta a la sartén y fríela a fuego medio-bajo, removiéndola de vez en cuando con la espátula de silicona, hasta que esté tierna, unos 15 minutos. Apaga el fuego y retira la sartén. Deja que el relleno se enfríe durante 5 minutos.

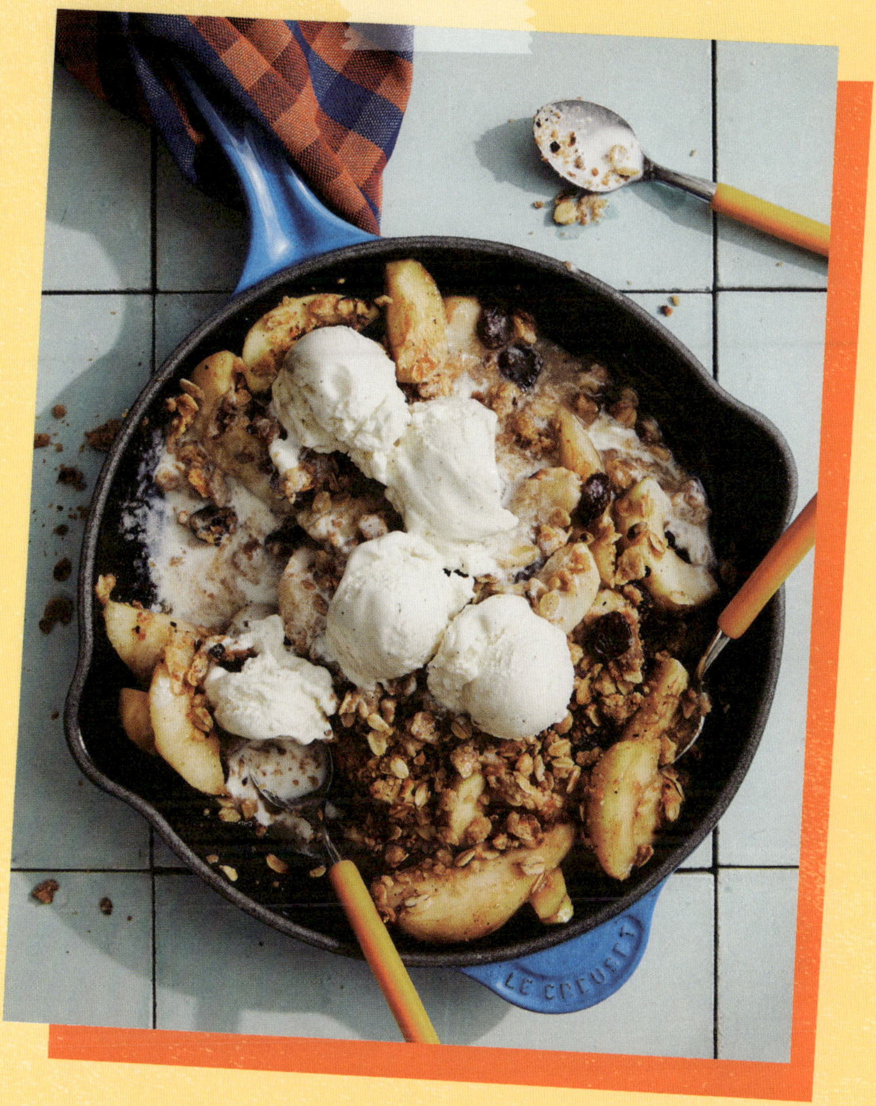

9 Esparce el *topping* sobre el relleno. Sírvelo templado con nata montada o helado de vainilla (si lo usas).

CRUMBLE DE MANZANA (CLÁSICO)

Utiliza 680 g (1½ lb) de manzanas y omite las peras y los arándanos rojos secos. Sustituye el polvo de cinco especias por canela molida.

TÚ ERES LA CHEF
«¡Estaba increíble!».
–Hannah, 8 años

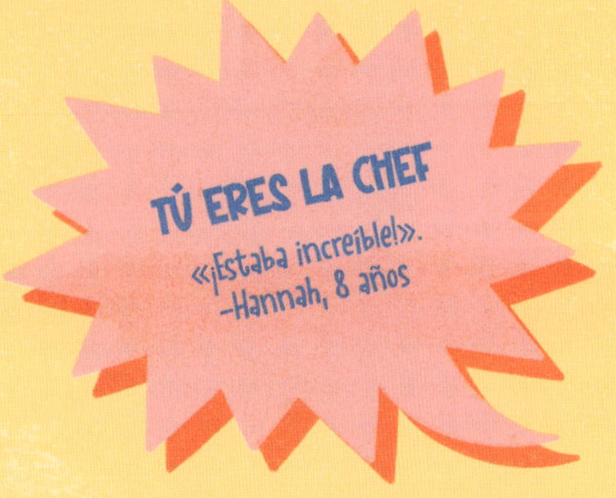

PARA 12 PERSONAS

CRUJIENTE DE YOGUR HELADO TROPICAL

INGREDIENTES

500 g (2 tazas) de yogur griego natural

80 ml (⅓ de taza) de miel

½ cdta. de extracto de coco

⅛ de cdta. de sal

165 g (1 taza) de trozos de piña o mango, secados con papel de cocina

2 cdas. de coco rallado con azúcar

En esta receta puedes usar piña o mango frescos, de bote o congelados. Eso sí, ¡tendrás que planificar cuándo hacerla! El crujiente debe reposar en el congelador 4 horas como mínimo (aunque lo mejor es que lo dejes toda la noche) antes de cortarlo y servirlo.

1. Forra una **fuente de horno mediana** o una **bandeja de horno** con **papel vegetal**. Deja que sobresalga un poco por los lados (así será más fácil sacar el crujiente después).
2. En un **bol mediano**, bate el yogur, la miel, el extracto de coco y la sal con unas **varillas** hasta que la mezcla quede fina.
3. Pasa la mezcla de yogur a la fuente preparada con una **espátula de silicona** y repártela en una capa uniforme. Esparce la piña y el coco rallado de forma uniforme por encima.
4. Cubre la fuente con **film transparente**, introdúcela en el congelador y déjala hasta que la mezcla esté sólida, 4 horas como mínimo.
5. Saca la fuente del congelador y levanta el crujiente tirando del papel vegetal que sobresale. Colócalo sobre la encimera o una **tabla de cortar**. Trabajando rápido (¡o se derretirá!), trocéalo con las manos. Sírvelo ya o pásalo a un recipiente hermético o una bolsa de congelados. Se conservará 1 mes en el congelador.

¿SABÍAS QUE...?

La conservacionista alemana Loki Schmidt viajó por todo el planeta en busca de plantas raras. En 1985, en un viaje a México, descubrió un nuevo tipo de piña y, en su honor, le pusieron su nombre. Se llama *Pitcairnia loki-schmidtiae*.

CRUJIENTE DE YOGUR HELADO CON FRUTOS DEL BOSQUE

Sustituye el extracto de coco por ½ cucharadita de extracto de vainilla y la piña o el mango por 150 g (1 taza) de los frutos rojos que más te gusten: arándanos, frambuesas, moras, fresas en trocitos o una mezcla. Si usas moras o frambuesas grandes, córtalas por la mitad antes de esparcirlas sobre el yogur. Omite el coco rallado con azúcar.

TÚ ERES LA CHEF
«¡Riquísimo! ¡Y bastante fácil!
Lo hicimos de mango».
–Etta y Halle, 8 y 10 años

PARA 2 PERSONAS

COPA DE YOGUR A TU GUSTO

INGREDIENTES

250 g (1 taza) de yogur (natural o del sabor que prefieras)

150 g (1 taza) de fruta en trozos del tamaño de un bocado; si utilizas arándanos, frambuesas o moras no hará falta que los cortes

125 g (1 taza) de algo crujiente, como granola, cereales, frutos secos o lo que se te ocurra

Con tres ingredientes y unos pocos minutos obtendrás este sorprendente desayuno, cremoso, dulce y crujiente. ¿Y sabes qué? ¡Que puedes usar la combinación de yogur, frutas y *toppings* que prefieras! Prueba, por ejemplo, a mezclar yogur de vainilla con frutos rojos y tus cereales favoritos, o yogur de coco con trocitos de mango y granola... También puedes añadirle mermelada al yogur, o terminar la copa con un hilito de miel por encima. ¡Deja salir a la artista que hay en ti! Ah, el yogur natural se puede sustituir por uno vegetal.

1. Elige **dos copas pequeñas** y añade 4 cucharadas de yogur en cada una.
2. Cubre el yogur de cada copa con 4 cucharadas de fruta troceada.
3. Añade 4 cucharadas de tu ingrediente crujiente encima de la fruta.
4. Repite los tres pasos en cada copa y sírvelas.

En Corea del Sur, las *yakult ajummas* venden *yakult* (yogur líquido) por las casas. En los años 70, cuando empezaron, lo transportaban en pesados carros con hielo y muchos desconfiaban de que se pudiera conservar en buen estado. ¿Y si contenía gérmenes? Con el tiempo empezaron a usar recipientes refrigerados y, gracias a la publicidad, la gente se convenció de que el yogur es bueno para la salud (¡y está buenísimo!). En Corea del Sur hay más de 11 000 *yakult ajummas* en la actualidad, la mayor red de repartidoras del país.

PARA 4 PERSONAS

ARROZ CON LECHE

INGREDIENTES

95 g (½ taza) de arroz blanco de grano largo

2 cdas. de mantequilla sin sal

600 ml (2½ tazas) de leche entera

190 g (¾ de taza) de leche evaporada

50 g (¼ de taza) de azúcar blanco

35 g (¼ de taza) de pasas, y unas pocas más para decorar (opcional)

1 ramita de canela

½ cucharadita de ralladura de naranja (p. 15)

¼ de cdta. de extracto de vainilla

¼ de cdta. de sal

Canela molida, para servir (opcional)

Puedes encontrar versiones del arroz con leche por todo el mundo. En América Latina, donde a veces también lo llaman arroz con dulce, se suele servir con ralladura de cítricos, leche evaporada o pasas. La leche evaporada aporta cremosidad y las pasas se hinchan y quedan blanditas a medida que se cuecen.

1. Coloca un **colador de malla fina grande** en el fregadero y añade el arroz. Lávalo con agua fría hasta que el agua salga clara, 1 o 2 minutos. Sacude el colador para escurrirlo bien.
2. En una **cazuela**, derrite la mantequilla a fuego medio-bajo. Añade el arroz y sofríelo, removiéndolo con una **cuchara de madera**, hasta que se vuelva traslúcido (un poco transparente) y desprenda un ligero aroma a frutos secos, unos 2 minutos.
3. Incorpora la leche entera y la evaporada, el azúcar, las pasas (si las usas), la canela, la ralladura de naranja, la vainilla y la sal. Remuévelo bien.
4. Llévalo a ebullición (aparecerán burbujitas por toda la superficie) y baja el fuego al mínimo. Cuécelo, removiéndolo de vez en cuando con una cuchara de madera, hasta que el arroz esté tierno y la mezcla espese, de 30 a 35 minutos. Apaga el fuego y retira la cazuela.
5. Deja que se enfríe durante 10 minutos, retira la ramita de canela y sírvelo. Deja que tus invitados añadan más pasas o canela molida en su copa si lo desean.

La ralladura de naranja es una forma maravillosa de no desperdiciar las cáscaras de naranja. Sin embargo, la inventora sudafricana Kiara Nirghin (¡nacida en el 2000!) las usó para algo totalmente diferente. Fabricó un material superabsorbente con cáscaras de naranja y aguacate para mantener hidratados los cultivos incluso durante las sequías. Gracias a esto, los agricultores pueden cultivar alimentos cuando no llueve.

MANGO FLOAT
(TARTA HELADA FILIPINA)

PARA 9-12 PERSONAS

En Filipinas, esta tarta helada, para la que no hace falta horno, se suele preparar con mangos de las variedades carabao o Manila, que son pequeños, dulces y tienen forma de riñón. Si encuentras, ¡úsalos! Si no, los de las variedades Ataulfo o Champagne muy maduros son los mejores sustitutos. No utilices mango congelado en trozos, es demasiado duro. Tendrás que planificar cuándo hacer la receta, pues deberás refrigerarla 12 horas como mínimo antes de servirla. Si quieres que quede más sólida, como un helado, congélala 1 hora antes de servirla.

INGREDIENTES

465 ml (2 tazas) de nata espesa

180 ml (¾ de taza) de leche condensada azucarada

3 mangos grandes, 4 medianos o 5 pequeños muy maduros (véase intro receta)

½ cdta. de extracto de vainilla

1 pizca de sal

14-16 galletas Digestive o Graham

1 Refrigera un **bol grande** (si usas una **batidora de mano**) o el bol de una **batidora amasadora**. Si es de metal, ¡mejor!

2 Mide la nata y la leche condensada que necesitas, colócalas en dos recipientes y refrigéralos 15 minutos como mínimo.

!! 3 Mientras, corta los mangos en trozos siguiendo las fotos de la página 145.

4 Cuando el bol, la nata y la leche condensada estén fríos, monta la nata siguiendo los pasos de la página 144.

5 Añade la leche condensada fría, la vainilla y la sal en la nata montada. Bátelo a velocidad alta hasta que se incorpore y al levantar las varillas se formen picos firmes, de 2 a 5 minutos. (Asegúrate de que al levantar la batidora o las varillas los picos mantienen la forma, sin derrumbarse.)

6 Pon una capa de galletas Digestive en un **molde cuadrado mediano** o una fuente, separándolas según sea necesario para que cubran toda la base (no pasa nada si hay huecos pequeños entre las galletas o si se superponen un poco).

7 Reparte un tercio de la mezcla de nata montada sobre las galletas con una **espátula de silicona** para formar una capa uniforme y distribuye un tercio del mango por encima.

8 Repite los pasos 6 y 7 dos veces más con el resto de las galletas, de la nata y del mango. Tendrás tres capas en total.

CONTINÚA

MANGO FLOAT
(CONTINÚA)

9 Cubre el molde con **film transparente** y refrigéralo entre 12 horas y un máximo de 24 horas. Desecha el film transparente y, con un **cuchillo de chef**, corta la tarta en porciones. Sírvela.

NATA MONTADA

Vierte la nata espesa en un **bol grande** o en el bol de la **batidora amasadora**, previamente refrigerados. Coloca las varillas en la batidora amasadora (o usa una **batidora de mano**) y monta la nata a velocidad media-baja hasta que se empiecen a formar burbujas, aproximadamente 1 minuto. Después, aumenta la velocidad y bátela hasta que espese y se formen ondas, de 1 a 3 minutos (si sale disparada del bol, coloca un **paño de cocina limpio** encima del bol y de la batidora para no manchar). Detén la batidora y levanta la batidora o las varillas. Si la nata se queda pegada a las varillas y forma pequeños picos duros que solo caen ligeramente por la parte superior, ¡está lista! Si no es así, sigue batiéndola y vuelve a comprobarlo pasados 30 segundos.

CÓMO CORTAR UN MANGO

1

Coloca un mango sobre una **tabla de cortar**. Sujétalo con el rabito hacia arriba. Coloca un **cuchillo de chef** justo al lado del rabito y corta la mitad del mango siguiendo la curva del hueso central. Gira el mango y corta la otra mitad. Te quedarás con el hueso, largo y plano, y un poco de la pulpa a su alrededor. (Desecha el hueso y cómete la pulpa.)

2

Corta de 4 a 6 líneas a lo largo del mango (¡sin atravesar la piel!) con un **cuchillo para mantequilla**. Después, haz de 6 a 8 líneas a lo ancho para obtener un patrón cruzado.

3

Empuja con los dedos la piel del mango para que los trozos de pulpa salgan hacia fuera.

4

Sostén una mitad del mango sobre un **bol mediano** y, con una cuchara, saca los trozos de mango encima del bol. Repite la operación con la otra mitad y, después, los pasos 1 a 3 con el resto de los mangos. (Deberías obtener unos 600 g [4 tazas].)

PARA UNOS 500 ML (2 TAZAS)

«HELADO» DE PLÁTANO

INGREDIENTES

3 plátanos muy maduros

Como esta receta se prepara con UN ingrediente (¡sí, sí, solo uno!), es importantísimo que los plátanos estén muy maduros y dulces. Busca plátanos muy blandos y con muchas manchas negras o marrones. Tendrás que planificar cuándo hacer esta receta, porque tendrás que congelar los plátanos 8 horas como mínimo antes de hacer el helado. Puedes tomarlo solo o servirlo en una copa, con nata montada casera (p. 144), Salsa de chocolate (p. 152) o Salsa de fresas (p. 153).

1. Pela los plátanos, colócalos sobre una **tabla de cortar** y, con un **cuchillo de chef**, córtalos en rodajas de un dedo de grosor. Pasa los plátanos troceados a una **bolsa de congelados** o un **recipiente hermético**. Congélalos hasta que se solidifiquen, 8 horas como mínimo, o toda la noche.
2. Saca los plátanos del congelador y pásalos a un **procesador de alimentos**. Déjalos reposar para que se ablanden ligeramente, unos 10 minutos.
3. Coloca la tapa del procesador y asegúrate de que está bien cerrado. Procésalos 1 segundo hasta que estén picados finos y para. Repite la operación de 15 a 20 veces.
4. Sigue procesando la mezcla hasta que esté muy fina y cremosa (como un helado *soft-serve*), unos 4 minutos. Durante el

proceso, detén el procesador de vez en cuando y, con una **espátula de silicona**, redistribuye la mezcla. Si vas a añadir algún sabor (abajo), hazlo ahora y procésala 30 segundos más, hasta que se incorpore por completo.

!! 5 Retira la tapa y, con mucho cuidado, saca la cuchilla. Pasa el «helado» a un recipiente hermético. Tómalo ya (estará muy blando) o congélalo hasta que se endurezca, de 4 horas a 5 días. Sírvelo en copas.

PERSONALIZA TU «HELADO» DE PLÁTANO

Prueba a añadir 2 cucharadas de mantequilla de cacahuete, miel, crema de chocolate y avellanas o leche condensada azucarada y una pizca de canela molida en el procesador de alimentos al final del paso 4. ¡También puedes mirar qué hay en los armarios de la cocina y dejarte inspirar por lo que encuentres!

TÚ ERES LA CHEF

«Es increíble que solo lleve plátano, ¡sabe a helado de verdad!». –Isabelle, 8 años

Fany recuerda sus paseos por Ciudad de México con su padre, al que le encantaba comer en los puestos de comida callejera. Adoraba la fruta espolvoreada con chile y, aunque intentaba ocultar las pruebas, el polvo rojizo del chile de su barba lo delataba.

Su primer libro de cocina, *My Sweet Mexico*, está dedicado a él. Fany tiene tres libros más, todos inspirados en los sabores de su querido México. También dirige varios negocios: La Newyorkina, una empresa de catering, Fan-Fan Doughnuts, especializada en dónuts, y Mijo Mexican Kitchen, un puesto de comida.

En casa, le encanta compartir la cocina con su hijo de cinco años. Están escribiendo un recetario juntos, en el que se incluyen sus recetas favoritas. Él se encarga de los dibujos y le dice qué ingredientes y cantidades deben usar. ¡Tiene hasta un delantal de dinosaurios y su propio juego de tazas medidoras, cucharas y cortapastas!

A Fany no le gustaba el pescado hasta que vivió y trabajó en la ciudad costera de San Sebastián, España. ¡El marisco fresco local le hizo cambiar de opinión!

POLOS DE TÉ CON LECHE Y FRUTOS ROJOS

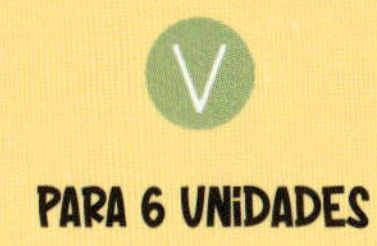

PARA 6 UNIDADES

«Mi hermana vive en Londres y no hay un solo día en el que no la eche de menos. Cuando pensaba en qué sabor preparar, quise hacer una receta inspirándome en ella y en el lugar donde vive. El té Earl Grey con leche es un sabor típico inglés de lo más reconfortante para los fríos días de niebla. Pero nosotras nos criamos en el soleado México y mi hermana es una persona muy divertida y alegre, por lo que creí que si añadía frutos rojos de colores intensos al sabor cremoso del té sería una bonita manera de reflejar su personalidad y de expresar cómo me siento cuando estamos juntas». —Fany Gerson

INGREDIENTES

Capa de té con leche

180 ml (¾ de taza) de nata espesa

180 ml (¾ de taza) de leche entera

6 cdas. de azúcar blanco

2 cdtas. de té Earl Grey (2 bolsitas)

½ cdta. de extracto de vainilla

1 pizca de sal

Capa de frutos rojos con miel

85 g (¾ de taza) de frambuesas, arándanos o moras frescos o congelados

1 cda. de miel

1½ cdtas. de azúcar glas

80 ml (⅓ de taza) de agua

1 pizca de sal

½ cdta. de zumo de limón o de lima (p. 15)

1 Para la capa de té con leche, mezcla la nata, la leche, el azúcar, el té, la vainilla y la sal en un **cazo**. Cuécelo a fuego medio, removiéndolo de vez en cuando con una **cuchara de madera**, hasta que rompa a hervir (se formarán burbujitas por toda la superficie). Apaga el fuego y tapa el cazo. Déjalo reposar de 15 a 20 minutos.

!! 2 Coloca un **vaso medidor** o un **bol con pico vertedor** en el fregadero y pon un **colador de malla fina** encima. Cuela la mezcla de té sobre el vaso y déjala reposar hasta que alcance la temperatura ambiente, aproximadamente 1 hora.

3 Mientras, prepara la capa de frutos rojos con miel. Mezcla los frutos rojos, la miel, el azúcar glas, el agua y la sal en un **cazo limpio**. Cuécelo a fuego medio, removiéndolo de vez en cuando con una **cuchara de madera limpia**, hasta que el azúcar se disuelva, los frutos rojos se deshagan y la mezcla espese ligeramente, de 8 a 10 minutos. Apaga el fuego.

!! 4 Pasa la mezcla a una **batidora de vaso** (¡ten cuidado!, estará caliente). Deja que se enfríe hasta que esté templada, unos 30 minutos. Añade el zumo de limón. Cierra la batidora, sujétala con un **paño de cocina** doblado y tritúralo hasta que la mezcla quede fina, unos 30 segundos. Apaga la batidora.

CONTINÚA

POLOS DE TÉ CON LECHE Y FRUTOS ROJOS

(CONTINÚA)

5. Coloca el colador de malla fina sobre otro **vaso medidor** o **bol con pico vertedor** y cuela la mezcla de frutos rojos. Usa una **espátula de silicona** para remover y presionar la mezcla contra el colador. Desecha los restos sólidos que queden en el colador.

6. Reparte la mezcla de frutos rojos y miel en seis **moldes para helado** y, a continuación, la de té con leche (no los llenes del todo, ya que el líquido aumentará de tamaño al congelarse). Usa una **brocheta** o **palillo** para mezclar ligeramente ambas capas, aunque puede ocurrir de forma natural al verterlas.

7. Congela los polos hasta que se solidifiquen, 5 o 6 horas. Cuando estén completamente sólidos, sumerge los moldes en agua templada, desmolda los polos y ¡a por ellos!

¿NO TIENES MOLDES DE HELADO? ¡NO PASA NADA!

En el paso 6, en lugar de moldes para helados, puedes usar seis vasitos de cartón para café. Añade las dos capas de líquido, remuévelas y cubre los vasitos con papel de aluminio. Haz un pequeño corte en el centro del papel con un cuchillo e inserta un palito de madera para helados. Asegúrate de que quede recto. Continúa con la receta en el paso 7.

PARA UNOS 250 ML (1 TAZA)

SALSA DE CHOCOLATE

INGREDIENTES

100 g (½ taza) de azúcar blanco

80 ml (⅓ de taza) de leche semidesnatada

25 g (¼ de taza) de cacao en polvo sin azúcar

6 cdas. de pepitas de chocolate negro

2 cdas. de mantequilla sin sal

½ cdta. de extracto de vainilla

¼ de cdta. de canela molida (opcional)

⅛ de cdta. de sal

Esta deliciosa salsa de chocolate es más fácil de preparar de lo que te imaginas. Solo tienes que tener cuidado al recalentar la que te sobre. Si la calientas demasiado, la grasa se separará y tendrás que tirarla. La puedes servir con «Helado» de plátano (p. 146) o con tu postre helado favorito.

1. Pon todos los ingredientes en un **cazo**.
2. Cuécelos a fuego medio-bajo, removiéndolos constantemente con una **espátula de silicona**, hasta que el chocolate se derrita y la salsa quede fina, unos 5 minutos.
3. Apaga el fuego y pasa el cazo a un fuego apagado. Deja que la salsa se enfríe 5 minutos y sírvela caliente. (La que te sobre se puede guardar en un recipiente hermético en el frigorífico hasta 1 mes. Antes de servirla, caliéntala de nuevo en el microondas, removiéndola cada 10 segundos, hasta que esté fina y líquida.)

¿SABÍAS QUE...?

Cuando Erin Hamlin, medallista olímpica de luge, ganó su primera medalla, la heladería de su pueblo natal, Remsen, en el estado de Nueva York (Estados Unidos), le puso su nombre a un sabor de helado. Lleva galletas Oreo, mantequilla de cacahuete, copas de mantequilla de cacahuete, nata montada y, ¡cómo no!, salsa de chocolate.

SALSA DE FRESAS

PARA UNOS 250 ML (1 TAZA)

Esta salsa es perfecta para acompañar el «Helado» de plátano (p. 146) o las Torrijas (p. 56). No hace falta que descongeles las fresas antes de usarlas. Si lo prefieres, puedes sustituirlas por una mezcla de frutos rojos congelados o por fresas frescas. En este caso, pélalas y trocéalas primero, y reduce el tiempo de cocción del paso 1 a 3 o 4 minutos.

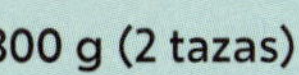

- 300 g (2 tazas) de fresas congeladas
- 65 g (⅓ de taza) de azúcar blanco
- 2 cdtas. de zumo de limón (p. 15)

1. En una **cazuela**, mezcla las fresas congeladas, el azúcar y el zumo de limón. Cuécelo a fuego medio, removiéndolo de vez en cuando con una **cuchara de madera** o **espátula de silicona**, hasta que el azúcar se disuelva y la mezcla burbujee por toda su superficie, de 7 a 9 minutos.
2. Baja el fuego a medio-bajo y sigue cociéndolo, removiéndolo de vez en cuando, hasta que las fresas estén muy blandas, unos 5 minutos.
3. Apaga el fuego y retira el cazo. Deja que la salsa se enfríe durante 5 minutos.
4. Aplasta las fresas en la misma cazuela con un **prensa patatas** hasta que se deshagan (¡ten cuidado!, la cazuela estará caliente). Sirve la salsa caliente. (La que te sobre se puede guardar en un recipiente hermético en el frigorífico hasta 1 mes. Antes de servirla, caliéntala de nuevo en el microondas, removiéndola cada 10 segundos, hasta que esté líquida.)

REBELDES EN LA COCINA

La familia de Leah Chase tenía una producción agrícola de fresas en Luisiana (Estados Unidos). Leah recibió muchos premios como chef, pero fue también una legendaria activista que luchó por los derechos civiles de los afroamericanos. ¡La princesa Tiana, de la película de Disney *Tiana y el sapo*, se inspiró en ella! Tras su muerte en 2019, sus nietos se hicieron cargo de su restaurante de Nueva Orleans. ¡Son ya la cuarta generación en regentarlo!

AGRADECIMIENTOS

Rebel Girls quiere dar las gracias a todas las chefs que nos dieron sus recetas para este libro. ¡Gracias por compartir vuestras historias y recuerdos con nosotras!

Ali Slagle
Andi Oliver
Eva Chin
Fany Gerson
Hetty Lui McKinnon
Lauren Toyota
Portia Mbau
Priya Krishna

Queremos, asimismo, darles las gracias a todas las Rebeldes que nos ayudaron a probar estas recetas, y a sus familias también. Gracias por compartir con nosotras vuestras opiniones y vuestras aventurillas en la cocina.

Addy
Anastasia
Arden
Ariana
Astrid
Cali
Charlie
Coco
Ella
Etta
Evie
Goldie
Halle
Isabelle
J
Lara
Liliya
Linnea
Luka
Madison
Malia
Marian
Maya
Olivia
Pierce
Place
Robyn
Saanya
Sophie
Taj
Viva
Vivian
Yelena

Y, por último, queremos expresar nuestro más profundo agradecimiento al equipo de Rebel Girls: Amy Pfister, Eliza Kirby, Giulia Flamini, Hannah Bennett, Jes Wolfe, Jess Harriton, Jessica Novak, Kristen Brittain, Michon Vanderpoel, Rachel Toby, Sarah Parvis y Taleen Alexander-Houck

ACERCA DE REBEL GiRLS

Rebel Girls, B Corporation certificada, es una marca multiplataforma de empoderamiento disponible en todo el mundo. Su objetivo es inspirar y empoderar a la próxima generación de niñas a través de contenidos, experiencias, productos y comunidad. Desde su primer *best-seller* infantil, sirve como altavoz de las historias de extraordinarias mujeres reales de todas las épocas, lugares y campos de especialidad. La marca cuenta con una comunidad de 35 millones de Niñas rebeldes en más de 100 países, y muestra su compromiso con la generación alfa en su serie de libros, aplicación, contenido de audio, eventos y productos. Hasta la fecha, Rebel Girls ha vendido más de 11 millones de libros en 50 idiomas y sus programas acumulan más de 55 millones de reproducciones. Entre los reconocimientos recibidos destacan el de figurar en la lista de *best-sellers* de *The New York Times*, el Apple Design Award for Social Impact de 2022, múltiples premios Webby en el área de Familia, infancia y educación, y la inclusión en la Common Sense Media Selection, entre muchos otros.

Como B Corp, formamos parte de una comunidad de empresas a nivel mundial que cumple elevados estándares de impacto social y medioambiental.

¡ÚNETE A LA COMUNiDAD DE REBEL GiRLS!

Visita rebelgirls.com y suscríbete a nuestra lista de correo electrónico para recibir información exclusiva, promociones, actividades y mucho más. También nos puedes enviar un correo electrónico a hello@rebelgirls.com.

YouTube: youtube.com/RebelGirls

Aplicación: rebelgirls.com/audio

Podcast: rebelgirls.com/podcast

Facebook: facebook.com/rebelgirls

Instagram: @rebelgirls

Correo electrónico: hello@rebelgirls.com

Web: rebelgirls.com

Nos harías muy felices si publicas una reseña del libro donde sea que te guste reseñar libros.

ÍNDICE

Nota: Los números en *cursiva* hacen referencia a las imágenes.

N

O

P

Q

GLOSARIO

aliño aderezo
alubias frijoles
anacardo marañón, nuez de la India
banana bread pan de plátano
beicon tocino
bol tazón, recipiente
boniato camote, batata
cacahuete cacahuate, maní
calabacín calabacita, zapallo
cebolleta cebolla blanca, cebollita china, cebolla cambray
colza canola
copos hojuelas
dónut dona
frigorífico nevera, refrigerador
guindilla chile, ají
lima limón verde
limón limón amarillo, limón Eureka
loncha rebanada
melocotón durazno
nachos totopos
nata crema
nata montada crema batida
panificable de pan
patatas papas
pepitas de chocolate chispas de chocolate
pinchar perforar
pipas de girasol pepitas, semillas de girasol
polo paleta helada
rasqueta de panadería pala de panadero
rebañar limpiar, raspar
remolacha betabel
repollo col
rúcula arúgula
sésamo ajonjolí
setas hongos
sirope jarabe
soja soya
ternera res (en México, ternera se refiere a la cría hembra de la vaca, particularmente la que tiene menos de cuatro meses de nacida)
tomate jitomate
tortitas esponjosas hot cakes
tostada pan tostado (a menos que sea de maíz)
tirabeque ejote chino, chícharo chino, guisante mollar, jolantao
varilla globo
zumo jugo

DK | Penguin Random House

DE LA EDICIÓN EN ESPAÑOL
Servicios editoriales: Cillero & de Motta
Traducción: Raquel Gracia, Elena Aranaz y Claudia Itzkowich
Coordinación de proyecto: Cristina Sánchez y Lakshmi Asensio Fernández
Diseño de cubierta: Miguel Ángel Mazón
Dirección editorial: Elsa Vicente

Título original: *Rebel Girls Cook*
Esta edición publicada por acuerdo con Ten Speed Press, un sello editorial de Crown Publishing Group, parte de Penguin Random House LLC

Publicado por Dorling Kindersley Limited
20 Vauxhall Bridge Road, Londres, SW1V 2SA, Parte de Penguin Random House

Primera edición: 2025
001-343988-Oct/2025

ISBN 979-8-2171-3103-7

Impreso y encuadernado en China

www.dkespañol.com

FSC www.fsc.org MIXTO Papel | Apoyando la silvicultura responsable FSC™ C018179

Este libro se ha impreso con papel certificado por el Forest Stewardship Council™ como parte del compromiso de DK por un futuro sostenible.
Para más información, visita **www.dk.com/uk/information/sustainability/**